Christiane Hastrich und Barbara Lueg

DAS SCHÖNSTE AN UNS SIND WIR

Für uns alle

Besuchen Sie uns im Internet:
www.eisele-verlag.de

MIX
Papier
FSC® C083411

Taschenbuchausgabe
1. Auflage April 2021

Satz: Red Cape Production, Berlin
Gesetzt aus der Caecilia
Druck und Bindearbeiten: CPI books GmbH, Leck
ISBN 978-3-96161-057-0

Christiane Hastrich
Barbara Lueg

DAS SCHÖNSTE AN UNS SIND WIR

Was uns ab 50 bewegt und beflügelt

EISELE

INHALT

EINLEITUNG

»Wer die Perspektive ändert, sieht die Dinge in einem ganz anderen Licht.«

— Engelbert Schinkel

Wir sind viele. Sehr viele – die Babyboomer, geboren in den Sechzigern. Wir sind die breite Masse. Haben Sie gewusst, dass heute rund vierzig Prozent aller Deutschen zwischen fünfzig und sechzig sind?

Das Leben von uns Fünfzigjährigen steckt voller Möglichkeiten,voller Aufschwung, Herausforderung und Veränderung. Aber gleichzeitig kommen wir bei aller Bewegtheit auch ein Stück zur Ruhe.

Darüber wollen wir uns austauschen. Selbst Anfang fünfzig, erzählen wir von unseren Erfahrungen, von Lebenswegen, von Hoffnungen, Träumen und Chancen. Wir haben mit vielen Frauen diskutiert, stundenlang geredet, gelacht und auch ein paar Tränen vergossen. Was für aufregende Gespräche, welch unglaubliche Lebensgeschichten!

Inspirierend für uns alle. Mutmachend. Bereichernd. Wir wollten all das teilen.

Und so erzählt dieses Buch aus dem Leben – konkret und unverblümt.

Wir haben alles aufgeschrieben. Mal gemeinsam, mal alleine. Nächtelang. Mit und ohne Prosecco. Manche Fragen waren so groß, dass wir Experten um Antworten gebeten haben.

Vor allem aber wollten wir ehrlich auf diese Lebensphase schauen, die für die meisten von uns ein Umbruch ist. Warum sollten wir uns etwas vormachen? Tatsächlich passiert doch etwas mit uns, mit unserem Selbstverständnis, mit unserer Sicht auf die Dinge.

Schon der fünfzigste Geburtstag war für uns alle eine Zäsur. Für die allermeisten eine Sollbruchstelle im Leben. Eine Schwelle zu etwas Neuem.

Was ist noch möglich an Neuanfängen? Was geht vorbei, was rückt an die Leerstellen? Wie soll das alles funktionieren? Wie machen wir das Beste aus dem Älterwerden?

Kinder verlassen das Haus und fädeln sich in ihr eigenes Leben. Ehen scheitern. Verluste schmerzen. Neuanfänge locken. Wartet irgendwo eine neue Liebe, oder war es das mit dem Sex, den Affären, der Lust? Wie wichtig sind neue Freundschaften oder alte Bande, die wieder neu geknüpft werden?

Dieses Jahrzehnt zwischen fünfzig und sechzig ist auch eine Zeit, in der wir lernen müssen, Abschied zu nehmen. Eltern werden alt, dement, gebrechlich. Eltern sterben.

Gleichzeitig stehen wir noch mitten im Berufsleben. Die Zeit für Karriere wird knapp. Geht da noch was im Job?

Wenn wir jetzt nicht unsere Lebensträume anpacken – wann dann? Wie viel Zeit haben wir noch für Veränderung?

Reicht das Geld für alles, was uns erwartet? Ist immer noch alles möglich?

Der Blick in den Spiegel ist kritischer, manchmal ernüchternd. Wir schauen auf neue Dellen am Oberschenkel, liebäugeln mit Ponyfransen für die faltendurchwebte Stirn, trinken aber lieber doch erst mal ein kaltes Glas Rosé.

Der Körper ist im Wandel, das Selbstbild wankt. Die jugendliche Leichtigkeit ist immer noch in uns, wenn auch von außen nicht gleich sichtbar. Haarrisse ziehen sich spürbar durch unser Leben. Doch etwas in uns nimmt auch Anlauf. Wir sind ja mittendrin. Und fühlen uns manchmal präsenter denn je.

An dieser Schwelle schlagen wir unser Zelt auf, verweilen ein wenig und schauen gemeinsam in einen aufgewühlten Horizont. Denn uns eint in dieser Lebensphase viel. Wenn wir uns heute untereinander austauschen, merken wir schnell: Wir kreisen um dieselben Themen.

Was hinter uns liegt, war schön, glücklich, aufregend, beflügelnd. Es war auch stressig, lauwarm, nervig, traurig – und manches Mal kraftraubend. Es gab fulminante Jahre und starre, bleierne Zeiten. Und jetzt? Jetzt, in dieser Lebensphase, wollen wir nach vorne schauen.

Umbruch – ja! Alles ist im Umbruch. Manches daran befreit. Anderes bedrängt, macht Angst. Wir loten unser Leben aus, wohlwissend, dass langsam aber sicher auch die eigene Vergänglichkeit näher rückt. Aber bis dahin ist noch jede Menge Zeit für Abenteuer.

Rilke sagt: »Leben Sie die Fragen.« Das tun wir. Aber Antworten wären auch nicht schlecht. Dieses Buch soll dabei helfen.

Frage-
bogen

– CHRISTIANE HASTRICH –

52 Jahre, geschieden und wieder verheiratet • Redakteurin. • Zwei Töchter, 21 und 18 Jahre. • Zwei Stiefsöhne, 21 und 19 Jahre, eine Stieftochter, 19 Jahre.

Wie haben Sie Ihren fünfzigsten Geburtstag gefeiert?

Im Kreise meiner Lieben, mit meinem Mann, den fünf Kindern, der Familie und engen Freunden – wir haben alle gemeinsam an einer sehr langen Tafel gesessen und, obwohl Karfreitag war, Nürnberger »Schäufele« gegessen. Dafür hatten unsere Kinder die ganze Wohnung umgeräumt. Es war keine wilde, sondern eher eine innige, intime Party mit vierzig Leuten.

Wenn Sie in den Spiegel schauen, wen sehen Sie?

Momentaufnahmen von mir. Gezeichnet von meinem Temperament – mit Zornes- und Lachfalten. Eine schöne Frau, je nach Tagesverfassung. Aber auch eine, die sich immer wieder neu entdeckt und sich manchmal wundert, den Kopf schüttelt, über sich – da im Spiegel.

Leben Sie so, wie Sie es sich gewünscht haben?

Ich habe immer von einem kleinen Haus geträumt, einem eigenen Reich, mit einer großen Familie. Alles ist auch so gekommen – nur irgendwie anders. Meine Familie ist groß, allerdings weit verzweigt, verstreut. Eine Patchwork-Familie mit vielen Wurzeln anstatt einer starken. Ich genieße diese Vielfalt, sehne mich aber auch nach einem Ruhepol an einem einzigen Ort. Mein zweiter Mann und ich pendeln zwischen München und Nürnberg, meine Geschwister und meine Mutter leben in Nordrhein-Westfalen. Das Häuschen, von dem ich immer träumte, ist sehr gemütlich, aber leider nur gemietet.

Worauf sind Sie stolz?

Ich bin nie einen geraden Weg gegangen, habe meine Träume und Ideen leben dürfen. Ich habe es trotzdem geschafft, einen Beruf zu finden, der mir Freude macht und es mir ermöglicht, unabhängig zu sein. Ich verdiene genug, um meinen beiden leiblichen Töchtern die Freiheit zu lassen, ihren Weg zu gehen. Diese Chance haben mir meine Eltern auch gegeben, und ich wollte es ihnen immer gleichtun. Ich bin stolz, wenn ich merke, dass ich etwas bewirken kann – zu Hause in der Familie, aber auch im Job.

Was war die größte Wendung in Ihrem Leben?

Der Schritt, im Studium nach Japan zu gehen. Anschließend bin ich der Liebe wegen kurzentschlossen nach Bayern gezogen und aus dem engen Familiengeflecht ausgebrochen.

Mit neununddreißig Jahren habe ich meinen jetzigen Mann mit Hilfe einer Partnervermittlung im Internet kennengelernt. Gemeinsam gestalten wir ein sehr abwechslungsreiches, turbulentes Großfamilienleben. Mit diesem Glück hatte ich nicht mehr gerechnet.

Was hat Sie rückblickend am meisten erschüttert?

Ich wähnte mich in einem sicheren Fahrwasser, lebte in einer Ehe mit zwei kleinen Kindern und einem tollen Job. Von mir unbemerkt hatte sich der Vater meiner Kinder ein Doppelleben aufgebaut. Er hatte über ein Jahr lang eine Geliebte, die schließlich schwanger wurde. Ich war schockiert von meiner Naivität, diesem blinden Fleck, und dem Verlust des Familienlebens. Von heute auf morgen musste ich meine Töchter an Wochenenden zu einer fremden Frau geben und blieb alleine zurück. Der Schmerz darüber hat mich lange gequält. Das dauernde Jonglieren zwischen Kindern und Job hat mich oft seelisch und nervlich belastet.

Wie wichtig sind Ihnen Liebe und Sex in dieser Lebensphase?

Ohne Liebe kann das Leben nicht warm sein und Geborgenheit geben. Für mich ist Liebe Heimat und Wurzel. Wilde Abenteuer und Lust finde ich stets verlockend, zum Glück habe ich einen Mann, bei dem ich das finde. Sich nicht täglich zu sehen, macht den Sex zu etwas Besonderem. Sex schafft eine Nähe, auf die ich nicht verzichten möchte.

Was haben Sie sich für die nächsten Jahre vorgenommen?

Ich möchte weiter ein aufregendes Leben führen, aber dabei auch lernen, auf kleinen Inseln immer wieder zur Ruhe zu kommen. Ich möchte meine Kinder loslassen und dennoch weiterhin für sie da sein. Ich möchte auch in der Zukunft eine befruchtende Ehe führen. Ich möchte die verbleibende gemeinsame Zeit mit meiner Mutter auskosten. Auch was den Sport und die Fitness angeht, mag ich mich im richtigen Maß fordern. Vielleicht auch etwas Ehrgeiz herausnehmen.

Beschreiben Sie Ihren Herzenswunsch?

Jeden Tag mit Kraft, Leidenschaft und Fröhlichkeit genießen können! Gewappnet sein für die Herausforderungen des Lebens. Eine Stütze sein für andere.

Was ist Ihre wichtigste Erkenntnis in dieser Lebensphase?

Wer nicht wagt, der nicht gewinnt. Am Ende steht man selbst in der Verantwortung, das Beste aus seinem Leben zu machen. Das gilt für jede Phase des Lebens. Glück ist immer ein Moment und nicht selbstverständlich. Heute weiß ich, dass »Hauptsache gesund« kein blöder Spruch ist und Altern eine Herausforderung.

Was tut Ihnen heute gut? Was beflügelt sie?

Auf dem Kopf stehen beim Yoga. Andere Blickwinkel ausprobieren. Durchatmen in klarer Luft, vorzugsweise auf Norderney oder in Florida. Ein Familienessen, bei dem alle reden und genießen. Kleine und große Reisen. Ein Tag voller Herausforderungen und Stress, der am Abend erfolgreich zu Ende geht.

Fragebogen

– BARBARA LUEG –

52 Jahre, getrennt, seit sieben Jahren wieder liiert. • Redakteurin. • Eine Tochter, 21 Jahre, zwei Söhne, 19 und 14 Jahre.

Wie haben Sie Ihren fünfzigsten Geburtstag gefeiert?

Ich habe bei mir zu Hause in der Wohnung eine große Party gefeiert – in meinen Geburtstag hinein. Mit engsten und engen, mit uralten, alten und neueren Freunden aus fünf Jahrzehnten. Alle waren da. Um Mitternacht bin ich dann wirklich reich beschenkt worden, mit witzigen und gefühlvollen Reden und viel Herzlichkeit. Das war großartig und hat mich sehr gerührt. Wir haben getanzt bis morgens um fünf.

Wenn Sie in den Spiegel schauen, wen sehen Sie?

Das variiert je nach Tagesform. Auf jeden Fall sehe ich ziemlich viel Leben, das sich da so eingraviert hat. Ich sehe die Abenteuer, die Widrigkeiten, tolle Jahre, manchmal Erschöpfung und schwierige Zeiten, viel Leben, ja. Ich bin älter geworden, aber ich erkenne mich in allen Facetten ganz gut.

Leben Sie so, wie Sie es sich gewünscht haben?

Im Prinzip ja. Ich lebe mitten in einer Stadt, die ich liebe, in einem Viertel mit viel Lebendigkeit drum herum. Gerne hätte ich mal im Ausland gelebt und gearbeitet, aber es gab immer zu viel und zu viele zu bedenken. Und am Ende war das eben immer wichtiger.

Worauf sind Sie stolz?

Ich bin stolz auf das, was ich erreicht habe: drei Kinder, die ich hauptsächlich alleine großzog und -ziehe und die, so glaube ich, das Rüstzeug für ein schönes und selbstbewusstes Leben haben; enge Freundschaften, die häufig über Jahrzehnte gewachsen sind und mir viel bedeuten; ein Job, der mich erfüllt, viele Möglichkeiten bereithält und mich finanziell völlig unabhängig macht. Das ist sehr viel, finde ich.

Was war die größte Wendung in Ihrem Leben?

Die größte Wendung in meinem Leben war eine Brustkrebserkrankung vor elf Jahren. Sie war letztlich die Initialzündung, mich aus einer damals für mich sehr unglücklich gewordenen Beziehung zum Vater der Kinder zu lösen. Es war ein Kraftakt, denn meine drei Kinder waren noch klein. Aber es war richtig. Denn gleichzeitig eröffnete sich mir damit eine neue Welt. Seit vielen Jahren bin ich nun glücklich liiert mit einer Frau.

Was hat Sie rückblickend am meisten erschüttert?

Am meisten erschüttert hat mich der Tod meiner Eltern. Mein Vater starb vor siebzehn, meine Mutter vor zwei Jahren. Beide hatten Krebs. Die Machtlosigkeit, dieser unaufhaltsame Weg in den Tod, waren furchtbar und gnadenlos.

Wie wichtig sind Ihnen Liebe und Sex in dieser Lebensphase?

Liebe ist immer essentiell für ein schönes Leben. In jeder Lebensphase. Und natürlich ist für mich auch körperliche Nähe wichtig. Das hört vermutlich nie auf, sondern verlagert sich wohl einfach nur. Sex ohne Liebe brauche ich nicht mehr, aber das war noch nie so wirklich mein Ding. Liebe, tiefe Verbundenheit und Vertrauen bringen alles Weitere mit sich.

Was haben Sie sich für die nächsten Jahre vorgenommen?

Ich möchte auch weiterhin ein spannendes Leben führen. In einer Beziehung, die uns beide schützt, liebevoll, tolerant und lebendig ist; mit vertrauten Menschen, die mit mir wippen und meine Welt manchmal auch auf den Kopf stellen; natürlich mit meinen Kindern, die in ihr Leben ziehen und dennoch ihre Heimat bei mir haben; mit Begegnungen und Abenteuern, aus denen ich lernen kann; aber auch – ganz wichtig – mit innerlichem Frieden.

Beschreiben Sie Ihren Herzenswunsch?

Mein Herzenswunsch ist Gesundheit für alle Menschen um mich herum. Und für mich selbst natürlich auch.

Was ist Ihre wichtigste Erkenntnis in dieser Lebensphase?

Ich glaube, Glück ist auch eine Entscheidung. Man kann andere Menschen nicht verbiegen, aber man sollte auch nie aufhören, für sein Glück zu kämpfen. Jeder ist selbst für sein Leben verantwortlich, für das, was er oder sie daraus macht. Und – wenn möglich – sollte man in jedem Tag einen Moment finden, den man feiert.

Was tut Ihnen heute gut? Was beflügelt Sie?

Wenn ich das Gefühl habe, alles um mich herum ist stimmig. Das verleiht mir Flügel; Der fiebrige Moment am Flughafen, bevor die Reise losgeht; vollendete Augenblicke; ein langer Tisch mit Freunden und Familie; ein Sommergewitter; Situationskomik; ein vertrauter, komplizenhafter Blick in der Menge; wenn alles anders kommt als geplant; gute Musik; Ruhe und Frieden.

FALTEN, FITNESS UND GIN TONIC

»Nur wer sein Alter verleugnet, fühlt sich wirklich alt.«

– Lilli Palmer

Die gute Nachricht zuerst: Alter befreit. Irgendwann jedenfalls.

Wenn ich am Strand neben meiner einundzwanzigjährigen Tochter liege, die sich mit ihrer süßen Figur in der Sonne rekelt, dann ist die Entfernung zwischen unseren Welten – also zwischen ihrem Bikini und meinem Badeanzug mitsamt Inhalt – so gigantisch, dass sich jeder Vergleich verbietet. Und das ist auch gut so.

Trotzdem: Ich sah ja auch mal so aus, und manchmal träume ich mich dann wehmütig in eine weite Vergangenheit voller Strandtage mit selbstgedrehten Zigaretten und Knutschorgien mit jungen Griechen, die auf endlosen Interrailzugreisen durch Europa so schnell sie gekommen sind auch wieder vergessen waren. Damals war ich jünger als meine Tochter heute. Und mein Körper war ein selbstverständliches Gedicht. Aber zugegeben, das ist nun wirklich lange her.

Bikinis waren gestern, inzwischen bevorzuge ich Badeanzüge. Bikinis stressen mich zu sehr. Seit ich Einteiler mit gerafftem Stoff in der Bauchgegend entdeckt habe, schlage ich am Strand frei auf. Ich überlasse meine Umwelt ihrer Fantasie. Sollen sie sich doch denken, was sich unter denn Stofffalten verbirgt.

Im Großen und Ganzen hab ich mich doch gut gehalten. Auf jeden Fall besser als die eine oder andere Freundin. Ich gebe zu, hin und wieder beflügelt mich diese sehr subjektive Erkenntnis, und dann werde ich überschwänglich. Dann kann es sogar vorkommen, dass ich ein wenig kokettiere und mich auf Nachfrage schon mal ein Jahr älter gebe. »Klar bin ich über fünfzig, und ach, das hätten Sie nun nicht gedacht?« Dann ignoriere ich die innere Stimme, die mir leise seufzend zuraunt: »Na ja, früher war ich einfach schöner. Und hatte ich mich irgendwie nicht jünger in Erinnerung?«

Manchmal ist es einfach nötig, gnädig mit sich selbst zu sein. Der Blickwinkel entscheidet zwischen Wohlgefühl und Frust. Dann stelle ich mich eben ein wenig seitlich vor den Spiegel, ziehe den Bauch ein und denke: Sieht doch gar nicht so schlecht aus! Wenn man um die fünfzig ist, hilft ein wenig Abstand.

Ja, es gibt die guten Tage, die einen mit dieser Aura umwehen. Tage, in denen ich nur so vor Strahlkraft strotze, die nach innen und nach außen wirkt. Es ist in alle Richtungen spürbar: Dinge gelingen, der Gang ist aufrecht, die Augen hellwach. Den Blick in den Spiegel braucht es da fast gar nicht. Wie schön wäre es, wenn man dieses herrliche Gefühl in einen Cremetopf stopfen könnte, um es hübsch aufzuteilen.

Aber vielleicht gibt es diese Tage ja auch nur, weil es auch die anderen gibt: Tage, an denen die teuerste Anti-Aging-Tinktur nicht weiter hilft, die Augenringe dunkelgrau und leicht geschwollen sind. Die Falten tief wie Krater. Entsetzlich. So sah ich doch nie aus, denken Sie? Wann ist das eigentlich alles passiert? Wann sind aus den straffen Wangen diese kleinen, komischen Hängebacken geworden? Wann hat sich Ihr Leben so spinnennetzartig in Ihr Gesicht graviert?

Meine neueste Entdeckung sind Abdrücke meiner Wimperntusche am oberen Lidrand. Mein Lid hat sich nun offensichtlich so weit abgesenkt, dass jeder Wimpernaufschlag Spuren hinterlässt. Augen aufreißen nutzt da nichts mehr. Noch versuche ich es weitgehend zu ignorieren. Allerdings trage ich jetzt immer ein wenig Augen-Make-up-Entferner bei mir, um gerüstet zu sein.

»Mit fünfzig hat jeder das Gesicht, das er verdient.«

— George Orwell

Tatsächlich kenne ich einige Freundinnen, die sich die Augenlider geliftet und diese unfreundliche Stirnfalte lahmgelegt haben. Ein ideales Geschenk zum fünfzigsten Geburtstag, fanden sie. An die große Glocke hängen wollte es keine. Aber natürlich war allen Verbündeten, allen Gleichaltrigen klar: Diese riesige Sonnenbrille im Winter, diese neuen Ponyfransen im Gesicht – das war ein Statement. Eine Entscheidung. Eine Kampfansage. Etwas neidvoll gierten wir anderen darauf, hinter die Brille zu blicken.

Wochen später sah ich sie dann: die leicht veredelte Version, das Update meiner alten Freundin. Ich muss zugeben, es sah nicht übel aus. Die Stirn geglättet, die Augen rund und schön. Nach dem kleinen Eingriff fühlte sie sich auch tatsächlich jünger, irgendwie frischer. Und hübscher.

Also doch Botox und Co? Soll das etwa unsere Antwort sein? Siegt Schönheit über ein gewinnendes Wesen?

Wohl kaum.

Siegt ein völlig absurder Jugendwahn über Charme und Humor?

Niemals.

Aber trotzdem liegt die Wahrheit vielleicht irgendwo dazwischen. Mit fünfzigplus leben wir in diesen stillen Übergängen. Vertraute Muster verlieren ihre Verlässlichkeit. Extreme ihren Reiz und ihren Sog. Es gibt eine weise Übersicht über das, was wir abfedern und was wir aushalten können. Diese innere und äußere Veränderung, die das Älterwerden begleitet, befreit auch ungemein. Wir müssen nicht mehr alles. Wie herrlich! Unsere Welt ist groß, unser Herz ist voll und unser Blick für das Wesentliche geschärft.

Und doch bleibt es befremdlich, wenn die Kosmetikverkäuferin höflich nachfragt, ob man schon in die Restaurations- oder noch in die Erhaltungsphase gehöre.

Was für schreckliche Worte. Ich plädiere jetzt einfach mal für Letzteres.

»Man braucht zehn Jahre, um sich an sein Alter zu ewöhnen.«

— Zsa Zsa Gabor

Wie haben das eigentlich unsere Mütter gemacht? Wie haben sie ihren inneren Frieden mit dem Älterwerden gefunden? Ich kann mich an keine Klagen erinnern. Aber die Generation vor uns neigt ohnehin nicht zu Larmoyanz. Sie haben ihre Kindheit ja im Krieg gelassen und wuchsen später in die engen Fünfzigerjahre. Geschlechteraufgaben waren klar verteilt, das Äußere verhielt sich im Einklang zu den gesellschaftlichen Vorgaben. Sie haben sich einfach in ihre Bestimmung gefügt.

Wir hingegen wuchsen meist in Reihenhaussiedlungen mit Lassie, Flipper und Bonanza auf. Die größten modischen Kämpfe gab es zwischen Poppern mit V-Ausschnitt-Trägern, Punkern und den Freaks in indischen Hängekleidern. Wir haben die Unterschiedlichkeit kultiviert und genossen. Wir studierten Germanistik oder machten eine Banklehre, unser Leben war im Rückblick chancenreich und sorglos.

Ein wenig von unserer damaligen Leichtigkeit würde uns heute wohl ganz gut tun. Vielleicht sollten wir uns im Älterwerden überhaupt öfter mal auf frühere Empfindungen besinnen. Sich Stimmungen und Bilder in Erinnerung rufen, Zuversicht und Gefühle heraufbeschwören, die einst unbeschwert und glücklich machten: in Latzhosen auf der Wiese liegen; auf Mofas in den Sonnenaufgang tuckern; das Leben in allen Farben feiern, weil es ohnehin weiter marschiert. Ach, war das schön.

»Nicht ich werde älter, sondern mein Kameramann.«

– Doris Day

Wie gut tut es, einfach mal aufs Äußere zu pfeifen. Auch mal ungeschminkt in Jogginghose zum Einkaufen zu gehen.

Wie viel Zeit und Mühe ich mir für mein Äußeres geben möchte, hängt neuerdings von meiner Tagesform ab, weniger von gesellschaftlichen Erwartungen.

Eine Freundin, sie war in jungen Jahren Mannequin, hat sich kurze Röcke nun verboten. Einfach so und prinzipiell, obwohl sie noch nicht mal fette oder unförmige Knie hat und es sich eigentlich noch leisten könnte. Sie wagt den Balanceakt zwischen modischem Aussehen und albernem Jugendwahn. Sie durchforstet zielgerichtet jede neue Kollektion bei H&M, schert sich nicht um Kommentare von anderen und weiß, was ihr steht. Sie kennt ihre optischen Stärken, die Schokoladenseite, den richtigen Schnitt, um ihre Figur zu betonen. Beneidenswert.

Leider geht mir das nicht immer so. Ich liefere idealen Stoff für Tratsch und Lästerei, wenn das neue Kleid von vorne super Kurven macht, von hinten aber leider auch; wenn die neue Jeans in der Garderobe noch knackig scheint, zu Hause aber den Hüftansatz erbarmungslos über den Gürtel treibt.

Mein letzter Fehlkauf liegt nach einem abendlichen Auftritt ganz hinten im Schrank. Die neue Schlaghose war schon in der Umkleide recht eng, aber da war ich noch zuversichtlich. Leider gab das Ding trotz Körperwärme nicht nach. Die Party musste ich stehend verbringen, die Heimfahrt mit der Straßenbahn auch. Sitzen hätte mich schier in die Ohnmacht getrieben.

Also modisch sein um jeden Preis? Muss nicht sein. Sich gänzlich treiben zu lassen, zu neuen grauhaarigen Ufern? Muss auch nicht sein. Einerseits beeindruckt mich die Gelassenheit, sich einfach gehen zu lassen, anderseits – ob ich da hin will? Ich hadere noch mit mir. Unser Körper verändert sich nun mal, deshalb muss man ja nicht in Sack und Asche gehen.

Das Tröstliche ist: Wir können eigentlich nichts dafür. Vieles ist genetisch veranlagt. Ab fünfzig verlieren die meisten von uns die Taille. Röllchen wachsen gleich unter dem Busen. Die einen entwickeln sich Richtung Menopause zum eher runden Typ: füllig am mittleren Ring und schlank am Bein. Dafür wirken sie aber erstaunlich faltenfrei, schön aufgepolstert, auch im Gesicht. Das sind die Miederhöschen-Fans. Dazu zähle ich.

Die anderen werden hager. Der Po hängt und verliert an Form und Fülle. Der Hals wird immer länger, die Falten prägnanter. Dafür können die Hageren Shiftkleider – dem Po-Former-Slip sei Dank – tragen, hohe Schuhe und passen locker in Größe 38.

Alles hat Vor- und Nachteile.

»Damit das Mögliche entsteht, muss immer wieder das Unmögliche versucht werden.«

— Hermann Hesse

Eine meiner Bekannten begann mit Ende vierzig zu laufen. Nicht einfach nur zu joggen, nein, zu rennen. Marathon. Binnen eines Jahres verlor sie zwanzig Kilo, und jetzt, mit über fünfzig, hat sie sich für ihren ersten Wettkampf angemeldet. Sie läuft nicht, um abzunehmen, na, vielleicht auch, aber viel mehr genießt sie die Ruhe, die Zeit mit sich selbst. Sie ist stolz auf sich. Zu Recht, finde ich.

Eine andere Freundin hat sich kürzlich zur Yogalehrerin ausbilden lassen. Sie schätzt die neue innere Ausgeglichenheit und Beweglichkeit. Yoga hilft ihr dabei, abzuschalten und sich auf sich und ihren Körper zu besinnen. Sie pflegt ihn und findet ihre Schönheit nun auf eine neue Art.

Wiederum eine andere hat nach der Trennung von ihrem Mann mit Mountainbiking begonnen. Im Vorbeitreten hat sie einen Jüngeren kennengelernt und genoss für eine Weile den zweiten Frühling. Doch irgendwann, nach etlichen stundenlangen Radtouren, war sie völlig erledigt. Den

Extremsport und den dazugehörigen Mann hat sie mittlerweile aufgegeben. Sie ist irgendwie erleichtert, sagt sie. Denn jetzt hat sie ihr eigenes Tempo gefunden und möchte nicht mehr wetteifern.

Auch meine Herausforderung besteht darin, das richtige Maß zu finden. Sonst drohen Fersensporn, entzündete Achillessehnen, Muskelfaserrisse. Bei mir kam alles nacheinander.

Früher bin ich zwei- bis dreimal wöchentlich joggen gegangen. Meine Runde im Englischen Garten war nicht riesig, aber ausreichend. Doch irgendwann begannen meine Knie zu schmerzen. Anfangs habe ich es ignoriert und bin weitergerannt, aber schließlich tat es so weh, dass ich auf Parkbänken Pause machen musste. Oft sind dann auch noch gut gelaunte Rentner mit ihren Walking-Stöcken an mir vorbeigezogen.

Es hat Wochen gedauert, bis ich mir eingestehen konnte, dass es vielleicht Zeit für einen Wechsel ist. Dass damit nichts zu Ende geht, sondern einfach nur etwas Neues hinzukommt. Dass Walken vielleicht ein Symbol fürs Älterwerden sein mag, aber daran auch nichts Verwerfliches ist.

Dinge ändern sich nun mal. Der Körper ändert sich. Und ich habe entschieden, dieser Entwicklung Rechnung zu tragen.

Was gestern einen Sinn ergeben hat, ist heute vielleicht für mich sinnlos. Heute suche ich neue Möglichkeiten und Chancen, statt alten nachzutrauern. Heute bündele ich meine Kraft, weiß, was mir gut tut und welche Vorlieben ich habe. Heute kann ich Nein sagen. Und ich finde, das ist doch schon mal was.

Übrigens jogge und walke ich heute im Wechsel, und manchmal habe ich auch zu keinem von beidem Lust und lasse es ganz. Meine Knie schmerzen seither überhaupt nicht mehr.

»Altern heißt, sich über sich selbst klar zu werden.«

— Simone de Beauvoir

Aber wir sind eben nicht alle gleich. Manche treibt der Ehrgeiz über die eigene Grenze hinaus, vielleicht heute mehr als früher. Woher das wohl kommen mag? Auf die Disziplinierten schaue ich zuweilen ja eher etwas herablassend, aus Gründen der Selbsterhaltung. Ich fürchte, ich gehöre zu denen, die ohne Maß sind, wenn es um Zigaretten, Alkohol, Kuchen oder Sport geht. Ich überschreite meine Grenzen gerne und feiere die Ausnahme. In Wahrheit bin ich vielleicht neidisch auf die anderen, die sich immer an die Regeln halten. Mit über fünfzig immer noch oder mehr denn je.

Eine Bekannte prahlt gern mit ihren erwanderten Höhenmetern in den Bergen. Eine andere ist stolz darauf, immer noch ein Rad schlagen und mit fünfzig noch minutenlang auf dem Kopf stehen zu können. Sie geben zu, diese Anerkennung zu brauchen, weil sie noch nicht bereit sind für den Mittelweg. Sie geben zu, schlichtweg Angst zu haben vor dem Gefühl, etwas nicht mehr zu können. Sie wollen dem Alterungsprozess trotzen, obwohl sie wissen, dass er sie einholen wird. Aber bitte noch nicht jetzt.

Im Büro jedenfalls fallen in letzter Zeit viele der fünfzigplusjährigen Kolleginnen durch bunte Bandagen auf: zu viel Poweryoga, zu viel Bergsteigen, zu viel Tennis. Telefonnummern von guten Physiotherapeuten und Osteopathen sind heiße Ware.

Ich bin jetzt vom Yoga auf dem Wohnzimmerteppich aufs Trampolin umgestiegen. Denn »Trampolinhüpfen verbrennt Kalorien und schont die Gelenke«, stand in der Werbung. Auf den Bildern, die für das Gerät warben, hüpften Frauen in engen Jazzpants und mit wippenden Pferdeschwänzen auf und ab. Sie wirkten irgendwie glücklich auf dem Ding, fand ich, und sahen so dynamisch aus. Das reichte als Kaufargument für mich völlig aus.

Ich habe mir also ein Mini-Trampolin von Tchibo bestellt. Mit praktischem Haltegriff. Damit man nicht runterkippt. Aber bevor ich mich morgens auf das Gerät stelle und loshüpfe, warte ich, bis meine Söhne aus dem Haus sind. Sie können den Anblick nämlich nur schwer ertragen. Ich finde aber, die Fettverbrennung ist nicht übel.

Immer mehr von uns spüren ihr Alter. Nach Bandscheibenvorfällen sitzen sie auf dem neuen »Swopper«-Schreibtischstuhl oder arbeiten am Stehpult. Sie trainieren ihre Schwachstellen zu Hause oder im Fitnessclub. Regelmäßig. Sie sind einfach froh, wenn nichts mehr weh tut und sie dabei auch noch die eine oder andere Kalorie verbrauchen.

Eine Freundin wollte mit minimalstem Aufwand das Maximale rausholen und ließ sich eine Zeitlang in diese Ganzkörper-Elektro-Stimulationsanzüge stecken. Dreimal wöchentlich quetschte sie sich in eine Art elektrischen Neoprenanzug, stand da wie eine Fleischwurst, umringt von gestählten Mitarbeiterinnen, die lächelnd den Strom aufdrehten. Verglichen damit ist mein Trampolingehüpfe ein geradezu würdevoller Akt.

Nach fünf Wochen gab meine Freundin ermattet auf, weil die neugewonnene Muskelmasse sie immer schwerer werden ließ.

»Die Zeit ist eine große Meisterin, sie ordnet viele Dinge.«

— Pierre Corneille

Kennen Sie das? Schwarze Nacht, draußen alles dunkel. Der Blick zur Uhr: 3:43. Dabei waren Sie am Abend zuvor todmüde. Der Körper fühlt sich immer noch bleischwer an – aber die Gedanken toben, kreisen unaufhörlich in Ihrem Kopf herum: Soll ich nicht doch eine Wohnung als Alterssitz kaufen, obwohl ich nicht genügend Geld habe? Schafft das Kind die Mathearbeit? War ich zu kleinlaut im letzten Meeting? Habe ich eigentlich schon die Geschenke für die Party am Samstag? Die nächsten Tage mal ohne Alkohol, diesmal wirklich. Sollten wir mal wieder einen Paarurlaub planen? Aber habe ich dazu eigentlich Lust? Ist dieses komische Muttermal vielleicht doch Krebs? 4:28 Uhr. Nur noch eineinhalb Stunden, bis der Wecker geht. Ich lege mich auf den Rücken und atme. Hilft nichts. Ich schalte auf dem Handy die Regen-App ein.

Das soll beruhigen. 4:45 Uhr. Wie soll ich den Tag schaffen? Eins ist sicher, früher habe ich besser geschlafen. Hat das mit dem Stress oder mit dem Alter zu tun?

Wenn die fünfzig hinter uns liegen, wundern wir uns über so manche Veränderungen, und auch die größeren Einschläge kündigen sich bereits mit einem Donnergrollen an.

Oder auch nicht: Der Mann einer Bekannten landet ohne Vorwarnung mit Herzinfarkt im Krankenhaus; die langjährige Freundin kommt nach der Vorsorge beim Gynäkologen mit einem schlechten Ergebnis zurück. Auf dem fünfunddreißiger Abi-Treffen sind die Ersten schon tot.

Da läuten alle Alarmglocken, und gute Vorsätze melden sich umgehend. Ab sofort kein Weißbrot mehr, wenig Kohlehydrate, mehr Obst und Salat, weniger Alkohol, keine Zigaretten, mehr Bewegung und Entspannung.

Ich fuhr nach so einem gesundheitlichen Einschlag im Bekanntenkreis kurz entschlossen mit Freundinnen in ein Wellnesshotel. Fünf Tage lang. Wir hatten uns für die Gruppe der »Entgifter« angemeldet. Was war das für eine Qual. Ein herrliches Wellnessresort mit exzellenter Küche und dem schönsten Buffet. Und wir? Wir Entgifter saßen im Restaurant abseits. Wir saßen da wie Leprakranke in Quarantäne, vor uns eine wässrige Suppe mit Gemüseeinlage und einen Gute-Nacht-Tee.

Morgens um acht, bevor wir zum Frühstück unseren Haferflockenbrei bekamen, ging die gut gelaunte Hotelärztin mit uns walken. Dabei sprach sie leidenschaftlich über ihr Lieblingsthema: die Verdauung. Sie erzählte, wie glücklich sie jeden Morgen sei, wenn sie sich pünktlich um sieben Uhr morgens entleert habe. Will man das eigentlich alles wissen? Aber Entgifter sind gefügig. Sie quatschte uns allen eine Darmspülung auf.

Fünf Tage später fuhren wir zurück nach München – entgiftet, darmgespült, um zwei Kilo ärmer und eine sichere Erkenntnis reicher: Wir hatten uns da zwar etwas Gutes getan, aber beim nächsten Mal würden wir als ordentliche Hotelgäste im Restaurant voll zuschlagen.

Um mir und der lauernden Versuchung ein Schnippchen zu schlagen, habe ich es auch schon mit einer Ayurveda-Kur versucht. Richtig authentisch – auf Sri Lanka. Diesmal doppelt so lang. Zehn Tage. Abgeschieden von der Außenwelt. Wieder keinen Kaffee, keine Schokolade, keine Sünden, egal welcher Art und – das Beste: gleiches Recht für alle. Denn es waren nur »richtige« Kurgäste im Hotel. Vierzehn Frauen und ein Mann. Die Frauen fast alle single, erfolgreich und gestresst im Berufsleben. Fast alle übergewichtig und alle mit demselben Ziel: möglichst schnell jünger, schöner und entspannter zu werden – aus Zeitgründen auf die radikale Art.

Zum Abführen und Entleeren gab es schon kurz nach der Begrüßung einen Cocktail aus pflanzlichen Pillen und Säften, von deren Anblick ich mehr als einen Würgereiz bekam. Den ersten Kurtag habe ich auf der Toilette verbracht, den zweiten in Tücher und Wickel gehüllt im Schatten gelegen. Am dritten Tag fühlte ich mich schlechter denn je und wollte abreisen. Eine völlig normale Erstverschlimmerung nannte das die Ayurveda-Ärztin. Zwei Stunden täglich haben mich zwei Masseurinnen durchgeknetet, jedes Gramm Fett genüsslich besprochen und bezupft. Sie übergossen mich wahlweise mit heißem und mit kaltem Öl. Den täglichen Gang auf die Waage und den strengen Blick der Ärztin habe ich stoisch ertragen. Ihre Anweisung: mehr Sport, keinen Reis. Und einen Fastentag. Viereinhalb Kilo habe ich abgenommen und für nächstes Jahr bereits gebucht. Diesmal drei Wochen. Natürlich werde ich die Kilos auch dann nach ein paar Wochen wieder drauf haben. Aber von dem schönen Gefühl, äußerlich und innerlich gereinigt und fit zu sein – davon werde ich sicher wieder zehren.

»Es ist nie zu spät, das zu werden, was man hätte sein können.«

– George Eliot

Wir alle wissen nicht, was kommen wird. Die Zukunft rollt sich stetig vor uns aus, und wir gehen weiter. Jeden Tag aufs Neue. Vielleicht mit ein paar Kilo zu viel; vielleicht mit zu wenig Sport oder überdehnten Sehnen; vielleicht mit lahmgelegter Stirn oder zu viel Rosé; mit Schenkeldellen oder Selbstzweifeln. Ja, wir können all das optimieren und einen Weg finden, der zu uns passt. Aber unser Fitnessgrad ist am Ende nicht die Maßeinheit, die uns zu dem Menschen macht, der wir eigentlich sind. Daran versuche ich einfach öfter mal zu denken.

»Das Alter, das man haben möchte, verdirbt das Alter, das man hat.«

– Paul Heyse

Interview

– PROF. DR. MED. MARTIN HALLE –

Leitender Ärztlicher Direktor der Medizinischen Fakultät der Technischen Universität München

Facharzt für Innere Medizin, Kardiologie und Sportmedizin, Kardiovaskulärer Präventivmediziner

Wie verändert sich der Stoffwechsel, der Körper ab dem fünfzigsten Lebensjahr?

Die Alterung ist ein fortlaufender Prozess, und das sichtbare Altern beginnt früh. Die Aktivität des Stoffwechsels verändert und verlangsamt sich, die Muskulatur nimmt ab. Der Körperfettanteil nimmt zu – beim Mann allerdings mehr als bei der Frau. Die Aktivität des Stoffwechsels ist sehr von der Muskulatur bestimmt. Je mehr Muskelmasse, desto aktiver der Stoffwechsel. Jeder weiß, mit fünfzig brauche ich länger, um wieder fit zu werden nach einer Trainingspause, und man braucht auch längere Regenerationsphasen.

Die optimale Leistungsfähigkeit haben wir mit zwanzig, danach nimmt sie stetig ab. Schon als Fünfunddreißigjährige muss ich mehr tun, um fit zu bleiben. Zunächst findet dieser Abwärtstrend weitgehend unbemerkt statt. Mit fünfundvierzig spätestens aber ist er definitiv da und subjektiv spürbar und sichtbar.

Was passiert, wenn man keinen Sport macht?

Die Leistungsfähigkeit nimmt rasant ab, wenn man nicht daran arbeitet. Nehmen wir an, ich habe zehn Tage einen Infekt, mache drei Wochen nichts, schone mich. Als Zwanzigjährige kompensiere ich das innerhalb einer Woche. Mit dreißig brauche ich da schon zwei Wochen, um wieder topfit zu sein. Wenn ich fünfzig bin, dann dauert es locker einen Monat, um mich aus dem Tal wieder hochzuarbeiten. Je älter ich bin, desto mehr muss ich mich schinden, häufiger Trainingsreize setzen, um auf einem entsprechenden Niveau zu bleiben.

Wie verändert sich der Körper um die fünfzig?

Außen sehen wir es ja. Die Haare werden dünner und grau. Die Falten sind da. Aber man darf eben nicht meinen, dass es im Körper anders aussieht. Wir haben zwar auf den Organen keine Falten, aber eine vermehrte Einlagerung von Bindegewebe – es wird alles etwas steifer. Die Gefäße sind nicht mehr so elastisch, die Sehnen verkürzen, die Gelenke haken. Die Leberfunktion ist nicht mehr optimal, die Nervenleitfähigkeit – und damit verbunden das Ansprechen an die Muskulatur – geht stetig zurück. Um etwas zu erreichen, brauche ich wesentlich länger. Das Verständnis, dass man innen genauso altert wie äußerlich, fehlt bei vielen einfach. Botox für die inneren Organe gibt es nun mal nicht. Man kann nur mit gesunden Gefäßen länger jung bleiben. Das große Ziel ist es, den Alterungsprozess zu verlangsamen. Man kann etwas tun, nur fehlt oft die Erkenntnis, dass man es schlichtweg auch tun muss.

Lohnt es sich noch, auch im fortgeschrittenen Alter mit Sport zu beginnen?

Unbedingt! Man kann in jedem Alter anfangen, man muss es nur entsprechend dosiert tun. Ich kann mit fünfzig wieder die Leistungsfähigkeit einer Fünfunddreißigjährigen erzielen, wenn ich das anstrebe. Durch gezieltes Training über zehn Wochen kann ich mich von einem »Couch-Potatoe« zu einem Fitnesslevel hocharbeiten, mit dem ich zehn Kilometer walken oder joggen kann. Es geht mit fünf Minuten los und steigert sich zu einem Sechzig-Minuten-Training – mit Konsequenz und dem richtigen Maß! Erst langsam beginnen, das ist entscheidend in den ersten vier Wochen. »Train the brain«, sage ich immer. Man muss eine Routine entwickeln.

Das Hauptproblem ist, die Leute beginnen, ziehen es aber nicht konsequent durch. Es bedarf einer kompletten Lebensstilumstellung.

Übrigens: Treppensteigen und Spazierengehen zähle ich nicht als Training. Es muss richtige Trainingseinheiten geben, der Puls muss gezielt hoch gehen. Umfang und Intensität sollte mit einem Trainer festgelegt werden.

Man sollte sich also – wenn möglich – Hilfe von außen holen?

Ja! Die Strategie muss sein, sich individuell beraten zu lassen.

Denn: Über die Hälfte aller Fünfzigjährigen machen keinen Sport mehr. Sie waren mit zwanzig im Sportverein, dann kamen Job, Karriere, Familie. Dann auf einmal sind sie fünfzig und haben sich vielleicht dreißig Jahre nicht mehr um ihren Körper gekümmert. Und dann soll auf einmal alles anders werden. Jetzt allerdings ist das richtige Maß wichtig, denn mit zu viel Ehrgeiz und Unkenntnis kann man sich schnell überfordern und verletzen.

Welche Rolle spielt Übergewicht?

An der Grundkonstellation kann man, wenn man fünfzig ist, nur noch sehr schwer arbeiten, und es ist fraglich, ob dies das Ziel sein muss. Medizinisch gesehen ist es das sicherlich nicht, solange das Übergewicht nicht gravierend ist und über einem BMI von 30 liegt. Es ist wichtiger, den Fokus nicht nur auf das Gewicht zu legen, sondern auch auf die Muskulatur. Die Muskulatur zu aktivieren, ist essentiell – da spielt Übergewicht nicht mehr eine herausragende Rolle. Es kann sogar helfen. Nach einem Herzinfarkt oder chronischen Krankheiten kann es sogar einen günstigen Effekt haben. Wenn ich fit bin, ist es egal, ob ich fünf oder zehn Kilo mehr drauf habe. Gewicht spielt nur dann eine Rolle, wenn die Fitness niedrig ist.

Was bedeutet denn Fitness?

Es gibt drei zentrale Komponenten: Koordination/Flexibilität, Ausdauer und Kraft. Dabei liegen fünfzig Prozent auf der Ausdauer, dreißig Prozent auf Kraft, zwanzig Prozent auf Koordination. Je älter ich werde, desto wichtiger wird die Kraftkomponente. Sie liegt im Alter bei etwa 50:50. Der Ausdauersport ist für die Verjüngung zwar wichtig, aber das Verhältnis verschiebt sich. Wenn ich mit Mitte siebzig nicht genügend Kraft aufgebaut habe, falle ich hin, breche mir den Oberschenkelhals, komme ins Krankenhaus und sterbe.

Die gute Nachricht ist: Wenn ich schlau und strukturiert das Training angehe, ist alles noch machbar. Dann kann ich meine Lebensqualität hochhalten, das Schlaganfallrisiko reduzieren, Herzkreislauf stärken und selbst das Risiko für eine Krebserkrankung senken. Das ist mit fünfzig alles noch machbar! Denn auch das Herz pumpt in der Regel noch super, es kann nur nicht mehr so richtig entspannen. Genauso ist das bei den Gefäßen. Die Gefäße sind nicht mehr so elastisch. Das Schöne aber ist: Nach drei Monaten kann ich die Funktion der Gefäße deutlich verbessern und mich um fünf Jahre verjüngen. Ja, das ist die gute Botschaft: Ich habe es selber in der Hand. Da hilft mir leider kein Botox – ich muss es selber tun.

Was für eine Rolle spielt die Psyche, um aktiv zu werden und sich aufzuraffen?

Die größte Hürde ist, überhaupt mal über sein Leben nachzudenken. Was habe ich noch vor? Wo sind meine

Baustellen? Je eher ich anfange, umso mehr kann ich mich verjüngen und biologische Jahre gewinnen.

Verändert sich auch der Schlaf?

Es findet ja auch eine Alterung des Gehirns statt. Das merkt man am Kurzzeitgedächtnis. Wir vertragen nur noch wenig Alkohol und brauchen längere Zeit zum Regenerieren nach einer langen Nacht.

Schlechter Schlaf hat zwei Ursachen: organische und psychische. Die Dinge gehen einem wieder und wieder im Kopf herum. Das hat auch mit Stress zu tun in einem Alltag, den man nicht mehr so gut kompensiert. Auch Fitness beeinflusst das Schlafverhalten. Bin ich fitter, kann ich besser entspannen. Mit fünfzig schlafen Sie wunderbar vor dem Fernseher ein – noch besser nach einem Glas Wein. Aber nach Alkohol ist der Schlaf nicht mehr so tief. Da liegen Sie dann doch spätestens um halb vier wach.

Gibt es deutliche Zeichen, dass die Gefäße altern?

Die Gefäßsteifigkeit nimmt ab. Schon ein Viertel aller Männer mit fünfundvierzig klagen über Erektionsstörungen. Fitness und Training tun den Gefäßen gut – das merken Männer, da sie bei dem Thema empfindlich und aufmerksam sind und den Alterungsprozess hier deutlich spüren. Frauen spüren ihn ja nicht in dieser Form.

Muss ich meine Ernährung umstellen?

Die gleiche Menge an Essen, die man mit dreißig gegessen hat, führt mit fünfzig zur Gewichtszunahme. Der Stoffwechsel verlangsamt sich im Alter, und das ist nur in begrenztem Maße mit Sport auszugleichen. Das muss man akzeptieren und berücksichtigen.

Interview

– DR. MED. FABIAN WEILLER –

Plastischer Chirurg

Warum sollte man einen Schönheitschirurgen aufsuchen?

Man muss immer abwägen. Kosten – Nutzen, was man auf sich nehmen will und was man gewinnen kann. Das kann man nur ganz persönlich für sich selbst entscheiden. Deshalb ist es wichtig, dass ich genau aufkläre; dass ich den Frauen sage: dies und das können wir erreichen; das sind die Risiken; solche Ausfallzeiten werden Sie haben; Ihre Erwartungen kann ich so weit erfüllen, aber nicht weiter. Dann muss jede für sich entscheiden.

Lässt sich ein weiblicher Körper eher nachbessern als ein männlicher?

Ich persönliche finde, dass man das Gesicht einer Frau relativ leicht und mit weniger Aufwand schöner machen kann als das Gesicht eines Mannes. Von diesen Total-Operationen, bei denen am Ende alle gleich aussehen, halte ich nichts. Da wird alles aufgepolstert, aber die Gesichter verlieren ihre Persönlichkeit.

Ich finde, man kann mit wenig viel erreichen. Botox zum Beispiel ist nichts Schlimmes. Die Dosis macht das Gift. Man kann damit wunderschöne Sachen machen. Oder man glättet kleine Fältchen mit Hyaluron. Oder man hebt die Oberlider an. All das macht das Gesicht einer Frau etwas runder und weicher. Bei Männern passt das aus meiner Sicht nicht, weil es ihre Gesichter verweiblicht. Wer Fett absaugen will, dem sage ich auch schon mal: »Dann versuchen Sie es vielleicht mal mit mehr Sport.«

Wissen die Frauen konkret, was sie wollen, wenn Sie in Ihre Sprechstunde kommen?

Es gibt beides. Manche wissen es genau, andere suchen Beratung. Was ähnlich ist, sind die Beweggründe: Fast alle Frauen befinden sich in einem Alterungsprozess, den sie nicht in allen Facetten akzeptieren wollen. Die meisten, die zu mir kommen, haben Kinder großgezogen, hatten viel Stress im Job und haben sich in den Dienst der Familie gestellt. Und irgendwann sagen sie: Ich möchte aber wieder mehr die Frau und die weibliche Seite in mir zurück. Sie sagen: Ich bin nicht nur Mutter, Ehefrau und Geschäftspartnerin.

Andere leiden vielleicht schon immer unter einem vermeintlichen Makel. Sie kommen dann mit sehr konkreten Vorstellungen, und dann ist es an dem plastischen Chirurg zu sagen: nein, ja oder vielleicht.

Fühlen Sie also auch eine moralische Verantwortung?

Unbedingt. Die Verantwortung ist enorm. Man muss die Patienten durch den Entscheidungsprozess hindurchführen. Manchmal ist das Problem ja auch gar nicht körperlicher Natur, sondern etwas Seelisches. Das muss man begreifen und dann auch im Zweifel von dem Eingriff abraten. Ich habe da einen hohen ethischen Anspruch und muss erkennen, ob ein Eingriff diese Frau auch wirklich glücklicher machen kann.

Mit welchen Anliegen kommen denn Frauen zwischen fünfzig und sechzig zu Ihnen?

Häufig kommen Frauen mit der Bitte um eine Brustverkleinerung, weil die Brust ihnen nach den Wechseljahren einfach zu groß geworden ist. Das kann eine Belastung sein.

In der fünften Dekade gibt natürlich auch im Gesicht der gesamte elastische Halteapparat nach. Und das sieht man in diesem Jahrzehnt eben am deutlichsten im Gesicht. Die Augenbrauen, die früher mal oben waren, sinken ab, und die Lidhaut erschlafft. Deren Anhebung ist beispielsweise ein häufiger Eingriff in diesem Jahrzehnt. Die mimische Muskulatur erschlafft zwischen fünfzig und sechzig, die Kontur des Kinns weicht auf. Das gibt dann diese Hängebäckchen. Häufig mache ich für Frauen in diesem Alter auch Bauchstraffungen.

Wie oft muss man denn Botox spritzen?

Meistens zwei-, dreimal pro Jahr. Botox ist ja ein von Bakterien produziertes Gift, das die Übertragung vom Nerv zur

Muskulatur blockiert. Beim Muskel kommt also das Signal »Zieh dich zusammen« nicht an. Diese Verbindung zwischen Nerv und Muskulatur wird vom Körper aber irgendwann wieder aufgebaut. Das ist bei jedem unterschiedlich. Manche gewöhnen sich durch die Unterbrechung das Zusammenziehen der Augen sogar komplett ab, und dann kommt die Zornesfalte gar nicht mehr zurück.

Wie erspüren Sie, was die Frauen mit einem Eingriff noch alles verbinden oder sich erhoffen? Es geht ja nicht nur ums Aussehen.

Ich sehe mich tatsächlich auch irgendwie als Frauenversteher. Die Frauen sagen mir, wenn äußerliche Makel in ihnen auch depressive Stimmungen auslösen. Wenn man sich nicht mehr attraktiv findet, kann das auch zu einer psychischen Belastung werden. Natürlich kann ich mit dem Skalpell keine Psychotherapie machen, aber ich kann einen kleinen Kick, einen Anstoß geben, dass sich dieser Mensch wieder besser fühlt, und das funktioniert meistens ganz gut.

Ich hatte beispielsweise eine Patientin, die sich zum fünfzigsten Geburtstag eine Brustoperation geschenkt hat. Als sie zum Beratungsgespräch kam, war sie sehr streng und verbissen. Als sie letzte Woche zur Kontrolle kam, war ihr Gesicht so viel weicher und fröhlicher, und sie sagte mir, dass sie sich nach dieser OP wohlfühle. Die fünfzig läutete für sie auch irgendwie einen neuen Lebensabschnitt ein, und sie wollte etwas ändern. Das hatte – für sie jedenfalls – funktioniert.

Gibt es Hoffnungen bei Frauen zwischen fünfzig und sechszig, die Sie schlichtweg nicht erfüllen können?

Ja, klar, wenn jemand mit Mitte fünfzig den vollen Busen einer Tabledancerin möchte, dann rate ich natürlich ab, weil das Gewebe das Gewicht nicht mehr ausreichend stützt. Und ästhetisch ist es auch nicht schön. Außerdem kann ein zu großer Busen gemessen an der Körperstatur auch immer Rücken- und Nackenschmerzen verursachen. Knochen und Muskulatur werden ab fünfzig ja nun auch nicht stärker.

Was ist denn mit Risiken? Wir kennen ja prominente Beispiele, bei denen man schon das Gefühl hat: Da ist etwas schiefgegangen ...

Bei den Operationen ist es natürlich anders, als wenn ich ein wenig Botox oder Hyaluron spritze. Die großen Faceliftings sind richtige Operationen. Das heißt, einmal hineingeschnitten bedeutet, da gibt's keinen Weg zurück. Jeder Schnitt hat immer auch Folgen, mal mehr, mal kaum sichtbar. Wir schneiden in sehr sensiblem Gewebe. Wir sind ja sehr nah an der Ohrspeicheldrüse und den Gesichtsnerven. Wenn dann die eine Gesichtshälfte am Ende doch mehr hängt als die andere, dann ist das sehr dramatisch für einen Menschen.

Warum sehen denn viele, die sich stark haben operieren lassen, so gleich aus?

Es gibt natürlich so etwas wie einen Goldenen Schnitt. Proportionen von Stirn, Augen, Nase und Mund. Wo müssen die Brustwarzen liegen etc., aber das Wichtigste für mich ist immer, dass jemand seine Persönlichkeit nicht verliert. Deshalb operiere ich zum Beispiel auch keine Nasen. Weil Nasen immer auch Ausdruck einer Persönlichkeit sind.

Gibt es heute bei den Frauen ab fünfzig auch einen medialen Druck?

Den Druck gibt es eher bei den Jüngeren, die sich noch von *Germany's Next Top Model* beeinflussen lassen. Den Druck empfinden Frauen ab fünfzig weniger.

Wie hoch sind denn die Kosten?

Von Dumpingangeboten kann ich nur abraten. Gute Produkte kosten uns im Einkauf schon viel. Eine Lidstraffung zum Beispiel kostet ungefähr zwischen 1800 und 2500 Euro. 75 Prozent aller Patienten schauen nach einer Woche dann schon gut aus. Um sicher zu gehen, sollte man sich zwei Wochen freinehmen.

Botoxspritzen kosten zwischen 250 und 350 Euro. Am Anfang sollte man ca. alle vier bis fünf Monate nachspritzen lassen.

Was ist aus Ihrer Sicht typisch für diese fünfte Dekade?

Na, ja, mit vierzig verspielt sich noch so manches, aber mit fünfzig sehen Sie dann endgültig, wo und wie man in den letzten Jahrzehnten Raubbau betrieben hat: Alkohol, Zigaretten, Stress, zu wenig Schlaf, zu viel Sonneneinstrahlung.

Fakten-check

FALTEN UND FITNESS

Ab 45 kommt es zu einer deutlichen Verlangsamung des Stoffwechsels.[1]

Junge Frauen verbrennen ohne Sport täglich rund 2200 Kilokalorien. Eine Frau nach den Wechseljahre nur noch etwa 1000.[1]

Mit den Wechseljahren sinkt der Östrogenspiegel. Das männliche Hormon Testosteron überwiegt. Deshalb sammelt sich Körperfett vermehrt im Bauchraum an, Haarwuchs verstärkt sich im Gesicht.[1]

Eine fünfzigjährige Frau hat bei gleichem Gewicht fast doppelt so viel Fettgewebe wie eine dreißigjährige.[1]

Mit zunehmendem Alter schrumpft die Zahl der Zellen im Gehirn. Das beeinträchtigt vor allem das Kurzzeitgedächtnis. Im Schnitt können sich Fünfundzwanzigjährige auf Anhieb noch sieben Zahlen merken, Fünfzigjährige nur noch fünf.[2]

Die Kombination Rauchen und Sonnenlicht verschärft die Hautalterung mehr als alle anderen Alltagssünden.[4]

Ab 50 geht die Zellerneuerung der Haut um fast 50% zurück.[3]

Die meisten Frauen zwischen 45 und 55 treiben keinen Sport. Sie sind die am wenigsten aktive Bevölkerungsgruppe weltweit.[6]

Während der Wechseljahre kommt es häufig zu Schlafstörungen. Das hängt vor allem mit einem sinkenden Östrogenspiegel zusammen.[5]

Frage-
bogen

– NICOLA –

51, getrennt lebend, Pädagogin und Moderatorin. • Zwei Töchter, 21 und 15 Jahre.

Wie haben Sie Ihren fünfzigsten Geburtstag gefeiert?

Ich habe zu einem Fest mit dem Motto »Don't worry, be hippie« eingeladen, mit Live-Musik unter freiem Himmel. Ich habe gehofft, dass die Gäste sich entsprechend locker kleiden und dem Anlass dadurch die Schwere und die Gesetztheit nehmen – was ganz gut funktioniert hat.

Wenn Sie in den Spiegel schauen – wen sehen Sie?

Ich sehe immer noch mich – vielleicht nicht mehr als junges Mädchen, aber als erwachsene Frau. Natürlich sieht man mir an, dass ich was erlebt habe, und ich sehe Falten, die entstanden sind und die auch nicht weniger werden. Aber mir missfallen die gar nicht – mir missfallen eher geglättete Gesichter, die puppig und starr sind und sich alle irgendwie ähneln, die das Leben nicht widerspiegeln, sondern die sich und ihre oberflächliche Schönheit zu wichtig nehmen. Allerdings hoffe ich, dass ich in zehn Jahren auch noch so denke und die »Weisheit« meines Gesichtes schätze ...

Leben Sie so, wie Sie es sich gewünscht haben?

Im Prinzip ja. Es wäre sicherlich auf den ersten Blick schöner gewesen, wenn meine Ehe gehalten hätte und mein Mann und ich alles, was so passiert ist, gemeinsam gemeistert hätten. Aber andererseits genieße ich meine Freiheit und dass ich tun kann, was ich für richtig halte. Ich bin unabhängig, und das gefällt mir.

Worauf sind Sie stolz?

In erster Linie auf meine beiden Töchter und dass ich es geschafft habe, sie so stark und selbstsicher zu erziehen.

Und manchmal auch auf mich selbst und dass es mir gelungen ist, nach meiner Zeit als TV-Moderatorin, als die man ja doch im Rampenlicht steht, die Kurve zu kriegen und diverse Jobs zu machen, die jetzt auch tatsächlich mit dem zu tun haben, was ich studiert habe, nämlich Pädagogik, Psychologie und Theaterwissenschaft. Und dass ich es bis jetzt als Freiberuflerin geschafft habe, nicht unterzugehen.

Was war die größte Wendung in Ihrem Leben?

Das war mit Sicherheit der Unfalltod meines besten Freundes vor sechzehn Jahren. Er war mir so vertraut und nah wie sonst niemand, vielleicht sogar seelenverwandt, wenn man an so etwas glauben möchte.

Er hatte mir einige Stunden vor seinem Tod eine SMS geschrieben, in der er mir mitteilte, dass er geträumt hatte, dass er an diesem Tag in einer Lawine umkommen würde. Und so war es dann auch. Als ich dann von seinem tatsächlichen Tod erfuhr, war mir klar, dass nichts mehr sein würde wie früher.

Und so ist es auch.

Es klingt seltsam, aber von da an wusste ich, dass ich jetzt alleine kämpfen muss – ohne Rückendeckung.

Was hat Sie rückblickend am meisten erschüttert?

Eigentlich ebenfalls der Unfalltod meines besten Freundes. Die Endlichkeit des Lebens wurde mir da sehr bewusst. Mein Freund war siebenunddreißig Jahre alt, als er starb. Deshalb mag ich es auch gar nicht, wenn ich Sätze höre wie: »Oh je, jetzt bin ich schon fünfzig! Wie schrecklich! So alt!« Ich empfinde Dankbarkeit für jedes halbwegs gesunde Jahr, das uns geschenkt wird, und das Alter ist dabei nur eine Zahl, die gar keine Rolle spielen sollte.

Wie wichtig sind Ihnen Liebe und Sex?

Sex ohne Liebe geht für mich ganz schlecht, das gehört einfach zusammen. Also wenn ich jemanden nicht liebe, möchte ich auch keinen Sex mit ihm haben. Das war schon immer so, das hat sich auch jetzt in diesem »hohen Alter« bei mir nicht geändert. Man kann das ja mal ausprobieren, aber mir gibt das nichts. Allerdings ist Sex mit den Jahren »leichter« geworden, finde ich, man macht sich nicht mehr so viele unnötige Gedanken, z.B., wie man dabei gerade aussieht.

Was haben Sie sich für die nächsten Jahre vorgenommen?

Ich bin niemand, der viel plant. Aber ich würde gerne noch in meinem Beruf weiter arbeiten, vielleicht sogar noch eine Zusatzausbildung machen. Und dann möchte ich für das Alter vorsorgen, gar nicht so sehr finanziell, sondern ich möchte mir eine Perspektive aufbauen, eine Alters-WG mit guten Freunden und Freundinnen – das stelle ich mir sehr angenehm vor!

Beschreiben Sie Ihren Herzenswunsch

Ich habe keinen »Herzenswunsch«. Oder vielleicht ist er das: Ich möchte zufrieden, ausgeglichen und entspannt bleiben. Und voller Energie und Kraft.

Jedenfalls wünsche ich mir nichts Materielles.

Was ist Ihre wichtigste Erkenntnis in dieser Lebensphase?

Ich finde, dass wir alle verlernt haben, dem anderen zuzuhören. Dadurch entstehen viel zu viele Missverständnisse. Ich bemühe mich, zuzuhören und auf das einzugehen, was mein Gegenüber sagt. Ich möchte auf keinen Fall achtlos sein und wünsche auch, dass ich nicht achtlos behandelt werde.

Empathie ist mir sehr wichtig und das Gefühl, dass ich mich auf mein Umfeld und auf mich selbst verlassen kann.

Was tut Ihnen heute gut? Was beflügelt Sie?

Bewegung an frischer Luft tut mir gut, das war schon immer so. Das macht den Kopf frei und beflügelt mich auch in gewissem Sinne.

Aber natürlich auch gute Gespräche mit interessanten Menschen – ich bin sehr froh und dankbar, dass ich so viele davon in meinem Freundeskreis habe.

Natürlich beflügelt es mich auch, wenn ein Training (Coaching) mit schwierigen Jugendlichen funktioniert und einer der Teilnehmer beim Rausgehen zu mir kommt und so etwas sagt wie: »Ich merke mir ‚fei', was Sie gesagt haben!«. Dann freue ich mich ungemein und denke mir, dass ich jetzt an der genau richtigen Stelle bin.

Fragebogen

– CHARLIE –

52, verheiratet, Autorin. • Drei Kinder, 30, 27 und 15 Jahre.

Wie haben Sie Ihren fünfzigsten Geburtstag gefeiert?

Ich habe Freunde und Verwandte zum Feiern in das Museum eingeladen, in dem ich kurz zuvor mit meiner neuen beruflichen Herausforderung begonnen und mich in einen Weltteil verliebt habe, der mich den Rest meines Lebens in Atem halten wird. Ich wollte gern das feiern, was in meinem Leben neu und aufregend ist – nicht das, was verloren und vorbei ist.

Wenn Sie in den Spiegel schauen – wen sehen Sie?

Niemanden mehr, den ich schön finde. Mein Mann hat, als wir jung waren, zu mir gesagt: »Du bist ein ästhetischer

Snob«. Das trifft wie die Faust in den Bauch – ich habe mich mein Leben lang an Schönem berauscht: schönen Städten, schönen Ländern, schönen Dingen, schönen Menschen. Auch oft an mir. Das ist vorbei, und das fällt mir nicht leicht.

Leben Sie so, wie Sie es sich gewünscht haben?

Nicht ganz – ich hätte gern mehr Kinder gehabt und finanziell mehr Sicherheit. Aber um ehrlich zu sein, ist das Jammern auf hohem Niveau: Ich habe die wundervollste Familie, den Beruf, den ich immer wollte, und noch einen dazu, der noch viel schöner ist, ich lebe noch immer in der schönsten Stadt und kann den schönen Rest der Welt bereisen – also doch ja: viel mehr erfüllte Träume als unerfüllte.

Worauf sind Sie stolz?

Auf meine Arbeit, auf meine Hartnäckigkeit und meine nicht nachlassende Neugier und Erregung auf allen beruflichen Feldern. Auf die wundervolle, teils jahrzehntelange Zusammenarbeit mit beruflichen Partnern. Auf mein Buch *Und sie werden nicht vergessen sein*. Auf meine Kinder nicht – die habe ja ich nicht gemacht, sondern sie sich selbst, und sie haben allen Grund, auf sich stolz zu sein.

Was war die größte Wendung in Ihrem Leben?

Das ist eine schwere Frage. Vielleicht die Geburt meines ersten Kindes, vielleicht unser Umzug nach London, vielleicht meine Entjungferung. Alles drei, glaube ich.

Was hat Sie rückblickend am meisten erschüttert?

Um ehrlich zu sein – der im Gang befindliche Austritt meines Landes aus der EU. Ich lebe in Großbritannien, weil es das einzige Land ist, dem ich je vertraut habe. Mir fehlt aus heiterem Himmel der Boden unter den Füßen. Mein Zuhause wackelt. Das ist nicht leicht.

Wie wichtig sind Ihnen Liebe und Sex in dieser Lebensphase?

Sehr wichtig. Vielleicht wichtiger als je, obwohl sie immer wichtig waren – aber jetzt packt mich zum ersten Mal die Angst, sie irgendwann zu verlieren. Das Gefühl, schönen Männern noch immer voll Genuss hinterher zu starren, aber nicht mehr zurück bestarrt zu werden, ist ein schwieriges. Und ich mag den Gedanken, mir beim Sex zuzuschauen, nicht mehr gern.

Was haben Sie sich für die nächsten Jahre vorgenommen?

Reisen, reisen, reisen. Die letzten Jahre, die wir noch ein Kind bei uns haben, in vollen Zügen genießen. Die Kleinkinderzeit der Enkel genießen. Mit meinem Mann ein Jahr im Montmartre leben. Viel mehr Arabisch lernen. Und beruflich noch mindestens einen Coup landen.

Beschreiben Sie Ihren Herzenswunsch?

Mein erster Enkel und ich haben einander versprochen: Eines Tages fliegen wir mit einem pinken Flugzeug in das Land zwischen den zwei Strömen, spazieren überall herum und essen Datteln, wo wir wollen. Wenn das wahr werden könnte, wenn ich meinem Enkel Bagdad, Babylon, Ninive zeigen dürfte, bräuchte das Flugzeug nicht pink zu sein.

Was ist Ihre wichtigste Erkenntnis in dieser Lebensphase?

Das Leben ist schön. Das ist banal, aber es ist das, was mich am meisten verblüfft: dass diese wahnsinnige Lust am Leben mit dem Rest nicht mitaltert, dass die noch immer kein bisschen müde ist.

Was tut Ihnen heute gut? Was beflügelt Sie?

Reisen, laufen, mein Museum, meine Menschen, Musik, Theater, grandiose Bücher, mittel-östliches Essen, spanischer Rotwein – und Wetter über 30 Grad.

WENN DIE KINDER AUS DEM HAUS GEHEN

TEIL I: BARBARA UND CHRISTIANE (DIE MÜTTER)

»Das sicherste Mittel,
Kinder zu verlieren, ist, sie immer
behalten zu wollen.«

– Adolf Sommerauer, Theologe

Barbara

Es war einer dieser starken Momente im Leben. Nur sekundenkurz und doch von einer inneren Kraft, die – wie in Zeitlupe – vor den eigenen Augen eine neue Welt eröffnet. Die Tore schieben sich festlich zur Seite, die Fanfare tönt. Und am Horizont flimmern Veränderung, Wehmut und eine verstörend erregende Zukunft.

Ich hatte solch einen Moment, kurz nachdem meine Tochter Pauline ausgezogen war. Er kam ganz unauffällig und schlich sich in eine eigentlich unspektakuläre Situation. Aber vielleicht ist das ja das Wunder solcher Augenblicke. Sie kommen auf leisen Sohlen und entfalten sich. Aber dazu später.

Als sich Pauline entschloss, in Hamburg zu studieren, war sie neunzehn Jahre alt. Im Sommer leerte sie ihr Zimmer. Sie leerte jenen Raum, in dem sie – nach vielen internen Umzügen in unserer 4-Zimmer-Wohnung – vor etlichen Jahren glücklich gelandet war.

Unsere Wohnung war immer ein Verschiebebahnhof gewesen. Erst lebten wir hier zu fünft, dann zu viert. Wie Heinzelmänner rückten wir je nach Lebensstatus und Verfassung aller Beteiligten Betten und Kommoden umher. Wir schoben Schreibtische und Lampen in immer wieder neue Ecken und mit den diversen Möbelstücken auch gelegentlichen Groll und Gruppenkoller. Wir schlossen Wände, um sie nach Monaten wieder zu öffnen. Wir verbarrikadierten Türeingänge mit mannshohen Regalen, um sie ein Jahr später wieder für Luft und Licht und andere Konstellationen aufzubrechen – was meist auch nicht lange hielt. Die unterschiedlichen Zustände – je nach Kleinkind oder pubertärem Schweregrad – dirigierten unsere wechselvollen Lebenskonstrukte.

Gefühlt habe ich in jeder Ecke dieser Wohnung schon geschlafen; kleine Stückchen des Areals geteilt und häufig sauber abgetrennt – immer wohl auch auf der Suche nach etwas Stille und einem eigenen Kokon. Durch kleine Lücken in Bücherregalen blinzelten wir in die daneben liegende Welt der anderen. Irgendwo lag oder saß immer jemand. Ich kann die unzähligen Wohnsituationen längst nicht mehr rekonstruieren, aber nachdem ich mich vom Vater der Kinder getrennt hatte, wollte ich ein klares Konzept. Für alle.

Die Kinder sollten nun, nach diesen vielen unruhigen Kleinstumzügen, jeder in seiner ganz privaten Zivilisation walten können. Ich selbst versorgte mich im Wohnzimmer mit einer edlen Schlafcouch und einem von diesem Moment an acht Jahre währenden Ritus, der morgens und abends vollzogen wurde. Das schräge Knarzgeräusch, wenn ich die Couch abends zu meiner Schlafwelt öffnete, war meine stete Ouvertüre für die Nacht. Die Kinder übrigens haben diese Couch lange geliebt und betteten sich dort gern neben mich. Aber das ist nun auch schon eine ganze Weile her.

Jedenfalls saß meine Tochter also in ihrem Zimmer und sortierte über Tage ihr bis dahin ja noch recht kurzes Leben in kleine Häppchen. Am Ende gab es drei Haufen: einen, der die Reise in die Zukunft begleiten musste; einen »Vielleicht«-Haufen und einen dritten, der über Bord geschmissen wurde. Er war klein, aber völlig untauglich für dieses neue Abenteuer.

Es gab dann auch noch ein viertes Häppchen: Dinge, die nicht mitgenommen, aber auch nicht weggeschmissen werden konnten, wie der schwer erarbeitete Diddl-Ordner. Oder Hektor, ein Golden Retriever aus Stoff, den ihr meine Mutter vor vielen Jahren geschenkt hatte und der auf keiner Reise, keiner Klassenfahrt, keinem Übernachtungsbesuch jemals fehlte. Heute sitzt er geduldet am Fußende des Betts meines jüngsten Sohnes. Ein Relikt, ein treuer Gruß aus wunderbaren Jahren. Irgendwie beruhigt mich sein Anblick.

Christiane

Bei meiner Tochter Katrein gab's keine Häppchen. Sie hat einfach alles eingepackt, was in irgendeiner Form ihres war. Jedes Foto, jedes noch so alte T-Shirt, alle Bücher, selbst die Überdecken, Kissen, Bilder, jedes Paar Schuhe, egal wie lange nicht getragen. Es war, als wollte sie jede Spur ihrer Kindheit, ihrer Jugend mitnehmen; als wollte sie ihre Heimat einpacken, nichts übrig lassen, einen radikalen Schnitt machen. Weg aus unserem, hin zu ihrem Leben.

Mühevoll hatte sie sich auf eigene Faust ein kleines Appartement in ihrer Wunschstadt gesucht – zufällig, wie Pauline, auch in Hamburg. Nachzufragen, wie denn der Stand der Dinge sei, Tipps zu geben, all das war mir ausdrücklich von ihr verboten worden. Dann war es so weit. Sie rief mich an, jubelte, sie habe eine Zusage für ein befristetes Zimmer. Wie glücklich und froh sie klang, so stolz, und es schwang bei jedem Wort mit: Sieh – ich kann mein Leben alleine in die Hand nehmen. Vertrau mir. Das hat mich tief berührt und fühlte sich warm und gut an.

Wochenlang stand dann der Auszugstermin fest – und doch hat Katrein nicht eine einzige Umzugskiste im Voraus gepackt. Für mich sah es so aus, als habe sie nichts vorbereitet, als würde sie sich weigern, den lang ersehnten Abschied einzuläuten. Zwei Tage vor dem Auszug dann begann sie mit dem Packen, hat die ganze Nacht durch ihr Hab und Gut gestapelt. Schon das Beobachten dieser Gewaltaktion war anstrengend. Ich frage mich noch immer, warum sie das so wollte. Je mehr ich im Vorfeld darauf hingewiesen hatte, dass die Zeit ja nun langsam knapp würde, desto entspannter gab sich meine Tochter.

So brach sie auf, ganz alleine um vier Uhr in der Früh mit einem Leihwagen bis unters Dach mit Kisten vollgepackt. Quer durch Deutschland, so weit weg wie möglich. Die Sehnsucht nach Unabhängigkeit, Selbständigkeit habe ich gut verstanden, irritiert hat mich diese wilde Entschlossenheit, alles alleine organisieren zu wollen, ohne Kompromisse ihr Ding durchzuziehen. So als würde ich ihr etwas wegnehmen wollen, wenn ich mich einmischte oder sie beriete. Lieber wollte sie den Sprung ins kalte Wasser, als vorher einen genauen Blick zu wagen.

Es hat geregnet an diesem Morgen im August. Es war noch dunkel, als Katrein ins Auto stieg und nach einer letzten kurzen Umarmung losfuhr. Ohne einen Blick zurück, jedenfalls keinen, den ich noch gesehen habe. Das Autoradio mit ihrer Lieblingsmusik voll aufgedreht.

Eigentlich dachte ich, ich müsse nun zurückbleiben, weinen. Aber keine Träne wollte kommen. Ein kleiner Kloß im Hals, aber ich erinnere mich auch, wie ich tief durchatmen konnte, irgendwie erleichtert, ja – froh war. Ich dachte, jetzt ist sie also weg, in ihrem Leben. Endlich. Viel Glück, meine Kleine – so Große.

Warum der Abschied, der Neubeginn so brutal sein musste, kann ich bis heute nicht verstehen. War ich zu fürsorglich? Habe ich vor lauter Sorge darüber, als mehr oder minder alleinerziehende Mutter nicht zu genügen oder Fehler zu machen, einfach alles doppelt und dreifach, einfach zu viel des Guten getan?

Das, was übrig blieb, war ein kleines Bündel an ehemaligen Lieblingsstofftieren auf dem Dachboden, ein Teddy, der sie seit ihrer Geburt begleitet hatte, und ein Stofftierküken, das sie von mir bekommen hatte, als sie mit sechzehn für ein Auslandsschuljahr nach Indien gegangen war. Zufällig habe ich sie gefunden, wie achtlos hineingeworfen in einer Schachtel.

Dieser gnadenlose Befreiungsakt hat mich anfangs verletzt, aber heute macht er mich stolz. Sie wollte ihr Ding durchziehen. Kategorisch und ohne zu zaudern. Gleichzeitig war und ist es eine schmerzhafte Lektion für mein Mutterherz, locker zu lassen, ihr einfach zu vertrauen. Katrein hat sich selbst ihre Hürden gestellt und hat sie, ohne Hilfe anzunehmen, bewältigt. Gerne hätte ich sie unterstützt, aber genau das wollte sie offenbar nicht. Für mich war das schade, aber es war wohl ein nötiger Befreiungsschlag.

Katreins Stärke lässt mich manchmal staunen. Und grübeln, warum sie sich bei den großen Entscheidungen in ihrem Leben nicht helfen lässt. Liegt das an mir? Habe ich sie zu sehr eingeengt? Zu viel Druck gemacht, sie überfordert mit einem ganzen Strauß an Ideen und Lösungsmöglichkeiten, sobald es Probleme gab, oder schlimmer noch, habe ich immer bereits im Voraus alle möglichen Gefahren und Risiken abwenden wollen? Will sie mir so beweisen, dass sie erwachsen ist? Sie setzt Maßstäbe, legt die Latte so hoch, dass nun ich mich strecken soll. Aber muss ich das? Wohin eigentlich? Geht es um irgendeine Art Konkurrenzkampf? Mir jedenfalls geht es nur darum, dass mein Kind glücklich ist und nun ich auch befreit meinen Weg gehen kann. Mit dem Vertrauen im Herzen, das Beste versucht zu haben. Irgendwann geht es nicht mehr darum, Konflikte auszuhalten, irgendwann ist es genug – spätestens wenn die Kinder erwachsen sind, das wünsche ich mir.

»Du kannst nicht das nächste Kapitel deines Lebens beginnen, wenn du ständig den letzten Abschnitt wiederholst.«

– Michael McMillan, amerikanischer Autor

Barbara

Auch für Pauline und mich kam der Tag.

Kartons standen gestapelt in ihrem Zimmer, die Schränke ausgeräumt, die Regale leer. Ich schaute in ihr altes Zimmer, das nun zu meinem werden würde.

Es war merkwürdig, ja. Da ging eine Ära, für mich eigentlich ein ganzes Zeitalter zu Ende. Klar war ich traurig. Da verschwindet eine Zeit, die so eben nie wieder kommt. Nie wieder wird man in dieser Konstellation unter einem Dach leben. Aus. Vorbei. Wieder ein Umbruch, wieder ein Abschied.

Aber je länger ich mich in diesem Jahrzehnt umschaue, je mehr ich darin fühle und entdecke, desto klarer erkenne ich die Konturen einer Zeit, die auch mehr und mehr wieder mir gehören wird.

Wir kennen aber auch viele Frauen, die den Auszug ihrer Kinder als Katastrophe erleben; die Angst vor der Zeit danach haben; die tiefen Schmerz verspüren; die sich nicht bereit fühlen für diesen Schritt. Und wie immer hängt ja alles mit allem zusammen, zwischen fünfzig und sechzig weit mehr als in allen anderen Lebensetappen. So vieles passiert hier zeitgleich: Wechseljahre, Tod, Neuanfänge, Trennungen, Verluste, Höhenflüge. Manchmal ist es einfach zu viel in zu kurzer Zeit.

Eine Freundin, Mitte fünfzig und seit etlichen Jahren von ihrem Mann getrennt, »verlor«, wie sie sagte, kurz nacheinander beide Kinder. Ja, so hat sie es gesagt: »Ich habe beide Kinder verloren«. Ihr Sohn zog von zu Hause aus, ihre Tochter ein halbes Jahr später. Und unserer Freundin kamen damit nicht nur ihre beiden Kinder, sondern auch der Sinn des Lebens abhanden.

Es war bitter und brutal. Sie fühlte sich verlassen. Ihre beiden Kinder starteten fiebrig in ihr neues Leben und schauten kaum zurück. Und sie stand da. Den Sohn hatte sie ein paar Monate zuvor zum Flughafen gebracht, weil er vor seinem endgültigen Auszug für ein halbes Jahr zu einem Work-and-travel-Aufenthalt in Neuseeland aufbrach. Er war lässig und winkte zum Abschied. Unsere Freundin drehte sich um, die Tränen flossen ihr übers Gesicht, als er sich in die Schlange zum Sicherheitscheck stellte und nur noch auf sein Handy glotzte. Aber dann, ein paar Minuten später hörte sie seine Stimme hinter sich. Er rief »Mama«, und da wusste sie: Jetzt ist er da, der Moment, in dem sich ihr Sohn besinnt; in dem er plötzlich erkennt, wie viel sie für ihn getan hatte und ihm bedeutet;

der Moment, der sich in einer weltumspannenden Umarmung auflösen und ihre tiefe Mutter-Sohn-Verbindung feiern würde.

Sie drehte sich mit zerlaufener Schminke um. Ihr Sohn grinste sie an – und übergab ihr eine Tube Zahnpasta und ein Deo, die ihm der Sicherheitscheck verweigert hatte. Und dann machte er kehrt, rief: »Mach's gut« und rannte zurück. Das war's. Keine Umarmung. Keine universelle Liebe und Dankbarkeit. Nichts, was über sie beide hinauswies. »Mach's gut«, das war alles.

Unsere Freundin hat uns diese Geschichte schon häufiger beim Gin Tonic erzählt. Und je mehr Gläser es werden, desto dramatischer wird diese Flughafenszene, die höhnisch und schonungslos ihren Mutter-Schmerz preisgibt.

Aber von außen betrachet ist diese Geschichte doch auch saukomisch.

Unsere Freundin hat lange gebraucht, bis sich ihre neue Freiheit auch für sie gut anfühlte. Heute schmunzelt sie selbst über die Flughafengeschichte.

»Mit Kindern vergehen die Jahre wie im Flug. Doch Augenblicke werden zu Ewigkeiten.«

– Jochen Mariss

Barbara

Pauline und ich fuhren also gemeinsam nach Hamburg. Ich wollte sie auf diesem Weg gern noch begleiten, vielleicht auch einfach einen kleinen Abdruck in ihrem neuen Zuhause hinterlassen – eine Duftmarke, die von mir, ihrer Mutter, stammte. Ich wollte sehen, wie sie Möbel rückt, wie sie diesen großen Schritt tut. Für mich war das irgendwie auch ein symbolischer Akt, dabei zu sein.

Neunzehn Jahre war mein Blick ja auf ihr Großwerden gerichtet gewesen, mit all dem Glück und dem Zauber, die darin liegen, aber auch mit aller Last der Verantwortung. Die Zeit als Baby, unsere intimen Monate am Anfang; die ersten Schritte, die ersten Worte; Kindergarten, Schulzeit; riesige Prinzessinnengeburtstage mit anschließenden Partystunden voll Prosecco schlürfender Mütter und jeder Menge Pasta; Lateindramen; Schulschlachten; Liebeskummer; pubertäre Weinkrämpfe; Verliebtheiten; innige Gespräche über Gott und die Welt; Alkoholexzesse. Natürlich gab es schlaflose Nächte, eine Tochter, die nicht nach Hause kam, ein leeres Bett am Morgen, das zu suchenden Autofahrten meinerseits durch leere Straßen sonntagsfrüh führte. Ich mit riesiger Wut und noch größerer Besorgnis im Bauch – immer noch befeuert durch diese unbändige Liebe, die Mütter empfinden; die jede Form von Gefühlswallung in ungeahnte Höhen treibt, aber gleichsam in mir auch immer wieder das Verlangen nach innerem Frieden aufkeimen ließ.

Christiane

Von Katrein habe ich bis zum Nachmittag nichts gehört. Erst als sie alles in ihr kleines, auf zehn Mietmonate begrenztes Dachzimmerapartment hinaufgeschleppt hatte, bekam ich ein kurzes Video vom Zimmer auf mein Handy, versehen mit dem Kommentar: »Alle Kisten oben, packe jetzt aus.« Tatsächlich war ihr Vater mit seiner Frau nach Hamburg gekommen und hatte mitgeholfen. Der Vater, mit dem sie jahrelang ein bisweilen sehr schwieriges Verhältnis hatte, den sie nur selten sah, stand ihr jetzt zur Seite. Das hat mich gefreut und erleichtert, wusste ich doch, dass Katrein nun Unterstützung hatte, die sie von mir ja partout nicht wollte. Diesen Part der räumlichen Trennung von Zuhause durfte er nun übernehmen. Komisch, wie sich dann doch alles fügt. Egal, dass es sich kurz wie ein klitzekleiner Stachel im Fleisch anfühlte.

Zwanzig Jahre habe ich das Schöne mit meiner großen Tochter genossen, Lachkrämpfe auf dem Sofa, Lesetage am Strand, Käsefondue-Orgien und Kuschel-Nächte. Auch zahlreiche schlaflose, in denen ich mich unruhig hin und her wälzte, bis ich endlich das Türschloss klicken hörte. Bewerbungen um Praktika, Auswahlgespräche für Auslandsstipendien, das Drama, als die Hoffnung auf ein finanziertes Schuljahr in den USA im letzten Moment doch noch platzte. Schulwechsel, fehlende Ferienbetreuung. Wie oft war der Alltag ein einziges Improvisationskunststück. Einsame, unglückliche Stunden, aber auch die voller Innigkeit und Glück. Und nun – all das Vergangenheit, Stoff für Geschichten, Erinnerung? Welch großes Kapitel da zu Ende ging, wird mir nur langsam und stückchenweise klar. Und auf diesem Boden der Erkenntnis blüht etwas Neues, etwas Unbekanntes, Abenteuerliches auf. Wohin ihre Reise, wohin meine wohl geht?

»Und jedem Anfang wohnt ein Zauber inne.«

— Hermann Hesse

Manchmal denken wir, dass Mütter, diese unzählig vielen Mütter weltweit, wie durch ein Gen oder irgendeinen biochemischen Botenstoff alle miteinander verbunden sind. Mütter eint doch etwas, oder? Wir alle haben einen geheimen Vorrat an Empathie, an Fürsorge, an Selbstlosigkeit, an Liebe und ja, auch an Leidensfähigkeit. Wir gießen diesen Vorrat in allerlei Gestalt über die heranwachsenden Kinder und versorgen sie mit emotionalem Sauerstoff. Und sie wiederum brauchen Liebe und Nähe und fordern sie auch ein.

Und dann, nach circa zwanzig Jahren, hört das Kind einfach auf, ein Kind zu sein, und verlässt das Haus.

Barbara

Und ich stehe also da an diesem Sommertag in Hamburg und sehe zu, wie meine Tochter strahlend ihre Kisten auspackt.

Dabei war ich nie diese Kuchenback-Mutter. Ich habe trotz der drei Kinder immer in Vollzeit als Journalistin gearbeitet. Es wäre finanziell auch gar nicht anders gegangen. So sind meine Kinder eben mit Tagesmüttern, Mittagsbetreuung, Hort und ziemlich viel Alltagschaos groß geworden. Geschadet hat es, glaube ich, nie. Ihre Selbstständigkeit war irgendwann ein selbstverständliches Beiwerk.

Vielleicht machen wir ja auch einfach viel zu viel Gedöns darum? Wir sind ja nicht die erste Generation, die Kinder ins Leben entlässt. Unsere alten Eltern haben diesen Kult ums Kind sicher nicht betrieben. Wir Kinder gingen eben. Das war der Lauf der Dinge. Oder vielleicht haben wir ihre Sorgen, ihre Ängste nicht bemerkt.

Wir wollten es pädagogisch alles ganz anders machen, oder? Nicht so autoritär, nicht so rigide. Wir wollten verständnisvoll sein, offenherzig, ganz nah dran an ihnen.

Für uns, die heute zwischen Fünfzig- und Sechzigjährigen, war es früher einfach anders. Ausziehen nach der Schule war in unserem Gefühl damals doch völlig alternativlos. Nicht weil zu Hause alles schrecklich war, sondern weil man zwingend in sein eigenes, selbstbestimmtes Leben ziehen wollte.

Die Tochter einer Freundin hatte seit Wochen eine bezahlbare Wohnung – bereits teilweise möbliert, einfach perfekt, möchte man meinen. Doch anstatt zu jubilieren, zog sie einfach nicht von zu Hause aus. Zu ungemütlich, schien es ihr, noch nicht schön genug, um von einem gemachten Nest ins nächste zu schlüpfen. So als fände sie den Absprung nicht, weder emotional noch ganz praktisch. Sie schuf ein riesiges Chaos daheim bei ihrer Mutter, die sich seit Wochen in einem Berg an Kisten und Unordnung zunehmend unwohl fühlte – und zwar kopfschüttelnd, aber dennoch Verständnis zeigend, anstatt sie rigoros rauszuschmeißen.

Dann schließlich war die Zwanzigjährige bereit, den Schritt zu wagen, verließ das Haus nach dem Frühstück, um – in derselben Stadt und keine Viertelstunde entfernt – in ihre neue Wohnung zu ziehen und dort das erste Mal zu übernachten. Als die Türe zuging, fühlte es sich an wie bei einer Trennung nach einer Liebesbeziehung, sagte ihre Mutter. Ein Schmerz in der Brust, der sie mit der Erkenntnis alleinließ, dass soeben die Tochter ihre partnerschaftliche Gemeinschaft verlassen hatte und dies unwiderruflich sein würde. Klar, es war der Lauf der Dinge, aber es war eben endgültig. Das hat sie körperlich spürbar gequält. Der Druck lag tagelang auf ihrer Brust, und immer wieder kamen ihr die Tränen. Obwohl sie gewusst hatte, dass dieser Abschied kam, war es dennoch ein Schock. Keine Spur von Erleichterung oder dem Gedanken an neu gewonnene Freiheit und Ruhe. Eher kroch die leise Furcht vor Einsamkeit in ihr hoch. Die Tochter war immer eine Verbündete, eine Freundin gewesen, jemand, der viel Zeit mit ihr verbracht hatte, und nun kam die Leere. Da war es egal, dass ihr Kind ja nicht weit weg, sondern nur gleich um die Ecke wohnte. Es war eine Trennung.

Mein Elternhaus war ein Flachdachreihenhaus in einer netten Siedlung abseits der Stadt. Unsere Kinderzimmer wurden nach den Auszügen meiner Geschwister und mir maximal in die Andeutung eines Näh- oder Arbeitszimmers umgewandelt. Wenn ich nach Hause in mein ehemaliges Zimmer kam, klebte dort immer noch der Rest eines zerrupften Cat-Stevens-Posters an der Wand. Und sofort verschmolzen beim Anblick seines umlockten, milden Gesichtsausdrucks Aromen aus Drum-Tabak, Vanilletee, Räucherstäbchen und großen Träumen. Ich mochte das. Auch Jahrzehnte später noch. Es hatte nichts Beklemmendes, sondern öffnete stets eine Luke in eine schöne Vergangenheit an diesem Ort, in diesem Zimmer. Es war eben einfach auch genug Platz im Haus, es musste nicht alles aufgelöst werden.

Paulines Zimmer in unserer Wohnung hingegen war nach etlichen Schlafcouchjahren sofort verplant, und dies war – so albern es klingen mag – für mich ein festlicher Akt. Noch während wir in Hamburg Paulines Umzug vollzogen, mussten meine Söhne das Zimmer streichen. Damit bei meiner Rückkehr alles fertig wäre. Mit meiner Tochter hatte ich alles besprochen. Wir waren uns einig.

Was aber in mir blieb, war die Sorge, dass wir von nun an immer weiter auseinanderdriften würden; dass ich an der Peripherie ihres Lebens landen würde. Bei Bedarf flankierend, in der Not helfend – klar, aber dazwischen würde sich nun ganz viel Leben abspielen, das mit mir nichts mehr zu tun hatte. Und so kam es dann auch. Die Taktung der Anrufe wurde mit den Monaten breitmaschiger. Im Gegensatz zu früher erfuhr ich nicht mehr alles, blieb außen vor. Erst habe ich mich gewundert, aber dann war es für mich eigentlich ein eher beruhigendes Gefühl zu wissen: Wenn ich nichts höre, muss alles gut sein. Und das erleichterte mich.

Vielleicht besteht die Kunst einfach darin, zwischen Entfremdung und natürlicher Abnabelung zu unterscheiden; zu erkennen, dass sich da kein Band auflöst, sondern nur verwandelt. Dass man der vermeintlichen Leere ein Gefühl entgegensetzen kann, da jeder für sich an der Schwelle zu etwas Neuem steht. Eben nicht nur Pauline, sondern auch ich.

Unser Plan hieß daher: Flügel ausbreiten, tief einatmen, wachsen, entdecken, erleben. Es ist ein Absprung für uns beide. Die Flügelspitzen aber werden sich weiter berühren. Immer wieder.

Wenn die Kinder ausziehen, kann dies auch eine harte Prüfung für die Beziehung der Eltern sein. Wir kennen Paare, die gescheitert sind oder zumindest fast daran zerbrochen wären.

So war die Beziehung eines befreundeten Paares über die Jahre matt und lauwarm geworden. Es gab keine großen Kräche, eher schwappte die Ehe in steten Rhythmen durch die Zeit. Die Ehe war kein Desaster, nein – aber eben auch kein Fest. Als die beiden gemeinsamen Kinder aus dem Haus waren, wurde die Beziehung still, starr und leblos.

Alte Rituale fehlten; Verpflichtungen; Vertrautes; der Gesprächsstoff ging aus. Sie fühlte sich im falschen Leben – er an der Seite der falschen Frau. Sie konnten keine Verbindung mehr finden. Was mit den Kindern munter, kurzweilig und voller Leben gewesen war, dünstete nun wortkarg aus.

Bis er diesen Zustand an einem trüben Herbstsonntag nicht mehr aushielt. Der anschließende Krach war gewaltig und markerschütternd. Der ganze Frust über die Veränderung, die Leere, die sie beide nach dem Auszug ihrer Kinder empfunden hatten – als das an jenem Sonntag durch die Räume ihrer Wohnung dröhnte, da war beiden klar: Entweder, wir nehmen diese Veränderung als Chance an, oder wir trennen uns hier und jetzt.

Sie packten es an. Am Anfang ging es noch schleppend, zögerlich, aber irgendwann fanden sie wieder einen Rhythmus. Sie schufen neue, eigene Rituale für sich. Sie kochten gemeinsam, entdeckten ihre gemeinsame Liebe zum Theater neu, und sie entdeckten auch uns, ihre Freunde, wieder. Es war schön, die beiden zu beobachten – wie sie als Paar wieder zusammenwuchsen. Auf eine liebevolle Art.

Dieser Zustand hält bis heute an.

Geht es also darum? Veränderung zu akzeptieren? Und für sich zu nutzen? Diesen neuen Abschnitt anzuerkennen – und zu seiner eigenen Sache zu machen?

»Wer fliegen lernen will, der muss erst stehn und gehn und laufen und klettern und tanzen lernen; man erfliegt das Fliegen nicht.«

– Friedrich Nietzsche

Es war ein Sonntag, als ich ohne Pauline von Hamburg zurück nach München fuhr. Ich schloss die Wohnung auf. Meine Söhne waren nicht zu Hause. Alles roch nach Farbe. Ich ging durch unseren Flur und schaute in Paulines ehemaliges Zimmer. Es war leer, die Wände frisch und weiß gestrichen. Ich stand da im Türrahmen, erinnerte mich an viele Erlebnisse mit Pauline in diesem Zimmer, stellte mir vor, wie sie nun in ihrem neuen Leben finden würde, was sie liebt. Aber dann stellte ich mir auch vor, was das Leben in meiner neuen Kulisse wohl für mich bereithalten würde. So stand ich da und staunte und spürte, wie sich mir da in diesem Moment eine neue Welt auftat.

Natürlich überkommt mich manchmal Wehmut. Natürlich trauere ich von Zeit zu Zeit alten Tagen nach und bin mir bewusst, dass es ein Abschied auf Raten ist.

»Loslassen heißt, beide Hände wieder frei zu haben.«

— Unbekannt

Christiane

Kein einziges ihrer Fotos stand im Regal in Katreins Zimmer. Die waren noch irgendwo verstaut in einer der Schachteln. Warum auch – endlich weg, auf dieser Etappe braucht es keine Bilder von Wurzeln und Zugehörigkeit, dieser romantisch-verklärte Blick stammt aus der Mutterwelt.

Nachdem Katrein schon vier Monate in ihrem neuen Reich wohnte, habe ich sie in Hamburg besucht. Mir war beim ersten Blick in ihre Wohnung klar: Hier hat sie es sich gemütlich, heimelig gemacht. Und ich durfte eintreten in diese kleine Welt, einen Blick riskieren. Als Gast. Sie hat mir ihre Ordnung präsentiert, mich teilhaben lassen – als Beobachterin. Diese Rolle fühlte sich neu für mich an, aber ich habe es genossen. Ich fühlte mich ein bisschen an meine Jugend erinnert, als meine Eltern das erste Mal nach meinem Auszug zu Besuch kamen.

»Sind die Kinder klein, müssen wir ihnen helfen, Wurzeln zu fassen. Sind sie aber groß geworden, müssen wir ihnen Flügel schenken.«

– Aus Indien

WENN KINDER AUS DEM HAUS GEHEN

TEIL II: PAULINE UND KATREIN (DIE TÖCHTER)

Pauline

Ich bin eine Plänemacherin. Ich hatte genau im Kopf, wie das alles für mich laufen sollte. Nach der Zusage der Universität in Hamburg und der erfolgreichen Wohnungssuche war es nun nur noch an mir, das Feld in München zu räumen. Es war ein Prozess: nicht nur alles, was meins war, aus diesem Zimmer zu schaffen, sondern sorgfältig zu überlegen, was mich davon überhaupt in den neuen Abschnitt begleiten sollte. Es dauerte eine kleine Ewigkeit. Ich habe riesige Müllsäcke weggeworfen, und mein Bett verschwand unter Bergen an Klamotten des »Mitnehmen-Stapels«.

Während ich also fleißig aussortierte, sortierte meine Mutter ein. Ihr neues Bett sollte schon bald geliefert und das Wohnzimmer wieder zu einem solchen werden. Das hatte sie aber auch verdient – nach dem jahrelangen Auf-und-zu-Geklappe der Schlafcouch. Um ehrlich zu sein, ich beneidete sie nicht darum. Umso mehr freute ich mich, dass sie nun endlich auch wieder ihr eigenes Reich bekommen würde.

Ich gebe zu, ich habe während der gesamten Zeit nicht besonders viel über Heimweh nachgedacht oder die Tatsache, dass meine ganze Familie schon bald knapp 800 Kilometer weit entfernt am anderen Ende des Landes leben würde. Ich freute mich einfach zu sehr auf die neue Stadt, neue Leute und die frisch gewonnene Freiheit. Außerdem half mir meine Mutter ja bei allem, fuhr mit mir nach Hamburg, baute mit mir die Möbel auf. Es war schön, das noch mit ihr zu machen. Sie hat mich quasi noch mit hinein begleitet.

Nur zurück fuhr sie alleine. Und da war ich nun. Ziemlich weit weg von allem, ohne die Möglichkeit, mal eben meine Freunde zu besuchen oder mit Mama und den Brüdern zu Abend zu essen. Stattdessen hatte ich nur noch ein labbriges, halbes Sandwich von der Fahrt. Aber das machte in dem Moment nichts. Ich war total zufrieden in meinem kleinen Zimmer in Hamburg, mit meinem halben Sandwich und voller Freude auf den neuen Lebensabschnitt. Ich glaube, beim Ausziehen kommt es auf das richtige Timing an. Nicht zu früh, sodass einen das Heimweh ständig plagt, und nicht zu spät, sodass man sich schon gegenseitig über hat.

Ich war bereit, und meine Mutter war es auch. Im ersten Jahr, das heißt bis jetzt, hatte ich nur sehr selten Heimweh. Ich finde, das ist ein gutes Zeichen – obwohl ich meine Familie natürlich vermisse und schade finde, nicht mehr alles mitzubekommen. Aber so freue ich mich umso mehr auf die Besuche und Telefonate, bei denen dann alles so ist wie immer!

Katrein

Ich habe das Gefühl, Kinder werfen immer Fragen auf. Dabei können wir auch Antworten geben.

Mein Umzug war ein sehr viel längerer und aufwändigerer Prozess, als es den Anschein haben mag. Mein Auszug begann in dem Moment, als ich das erste Mal gefragt wurde, warum ich ins Ausland will. Zum Lernen, habe ich gesagt, um Menschen kennen zu lernen, um eine andere Kultur und Sprache zu erleben, um eine Türe aufzumachen. Eine Türe in mein Leben, zu meinen eigenen Entscheidungen und Erfahrungen.

Das Vollstipendium für dieses Auslandsjahr in den USA habe ich nicht bekommen, doch das darauf folgende Jahr bewarb ich mich gleich wieder. Ich ging nach Indien. Der erste sichtbare Moment des Auszugs kam und ging. Ob meine Familie ihn als diesen wahrgenommen hat?

Als ich zurückkam, war mein altes Zimmer von meiner Schwester bewohnt und die Beziehung zu meiner Mutter anders geworden. Ich war anders geworden. Mir war auch klar, dass ich nicht länger als für meine Schule nötig zu Hause bleiben wollte.

Die Ferne ermöglicht meiner Mutter und mir eine Zuneigung, die uns sonst selten möglich war. Um ehrlich zu sein, sie erleichtert es mir auch, alles alleine zu machen.

Meine Mutter war immer sehr fürsorglich, wollte nicht, dass etwas passiert, dass es mir gut geht, dass ich glücklich bin. Sie ist eine beachtliche Frau. Eine Frau, die viel geschafft hat. Alleine.

Auszug bedeutet für mich, dass ich alleine meine Sachen mache. Dass ich ans andere Ende Deutschlands ziehe und mein Mietvertrag auf mich läuft. Dass, wenn ich nicht einkaufen gehe, was durchaus vorkommt, mein Kühlschrank leer bleibt und ich nicht mal eben zu Mama zum Essen vorbeikomme.

Ich baue mir meine eigenen Hürden, damit ich die Kraft in mir finde, sie zu überwinden. Weil ich weiß: Ich kann das.

Der nächste Schritt wäre jetzt, die Kraft auch ohne Hürden zu finden, aber da bin ich eben noch nicht.

Interview

– SANDRA NEUMAYR –

Familienpsychologin

Viele Mütter leiden sehr darunter, wenn die Kinder aus dem Haus gehen?

Das ist richtig. Die Frauen haben ihren Kindern ja über die Jahre ganz viel Lebensenergie geopfert. Die Kinder hatten einen sehr großen Lebensanteil. Und plötzlich werden sie als Mutter nicht mehr gebraucht. Hinzu kommt eine große Einsamkeit. Die Aufgaben des täglichen Lebens verteilen sich anders und verringern sich. Früher mussten sie immer kochen, alles war ein Event. Und plötzlich fällt ein ganzer Lebensbereich weg, wenn die Kinder endgültig gehen. Da wird es natürlich schwierig für die Frauen.

Was raten Sie denn den Frauen, die mit diesem Problem in Ihre Praxis kommen?

Jede Mutter sollte sich am besten frühzeitig und langsam wieder ein eigenes Leben aufbauen. Ein Leben unabhängig von Familie – nicht egoistisch, aber autark. Sie sollten vielleicht ihre Berufstätigkeit ausbauen oder sich andere Aufgaben suchen. Es ist gut, diese Entwicklung zu starten, solange die Kinder noch im Haus sind, damit dieser Tag dann nicht so ein Drama wird. Aber natürlich muss jede Mutter wissen: Eine gewisse Leere gehört im Anschluss eben auch dazu.

Aber trotzdem fallen viele in eine wirklich depressive Stimmung, obwohl sie sich dessen, was passiert, eigentlich bewusst sind?

Wissen sie es wirklich, oder verdrängen sie nicht auch? Wissen im Kopf ist das Eine, sich emotional darauf vorzubereiten, ist etwas ganz anderes. Die Verantwortung für sein eigenes Leben zu übernehmen, bleibt häufig auf der Strecke. Im Gegenteil: Oft kommt es in den letzten Monaten nochmal zu so einer Art Überversorgung des Kindes seitens der Mutter. Und dann ist das Loch natürlich umso größer.

Spielt da Angst auch eine große Rolle?

Ja, klar. Oft sind es Frauen, die sich sehr über die Familie definieren. Wenn die Familie aber nicht mehr komplett ist, fällt es ihnen schwer, ihr eigenes Leben wieder in die Hand zu nehmen. Dieser Prozess kostet viel Kraft.

Es gibt allerdings auch Kinder, die wollen gar nicht ausziehen. Ist das eine neue Entwicklung?

Ganz bestimmt. Für viele ist es ja heutzutage sehr bequem, nach dem Abitur zu Hause zu bleiben. Das ist sehr typisch für diese Generation.

Ich berate gerade die Mutter eines vierunddreißigjährigen Mannes, der beruflich sehr erfolgreich ist, aber immer noch zu Hause wohnt, weil er es so wunderbar bequem findet.

Was sagen Sie in solchen Fällen?

Ich appelliere immer an die Eigenverantwortung. Ein junger Mensch muss ja irgendwann mal sein Leben beginnen, und zwar in vollem Umfang. Auch eine Mutter steht in der Verantwortung, ihrem Kind zur Selbstständigkeit zu verhelfen und es unter Umständen sogar vor die Tür zu setzen.

Die Eltern, die heute zwischen fünfzig und sechzig sind, haben in der Regel ja ein sehr inniges, manchmal auch fast freundschaftliches Verhältnis zu ihren Kindern. Ist das gesund?

Ich beobachte, dass viele ihre Kinder immer mehr zum Partnerersatz machen. Das ist sicher keine gute Entwicklung. Für keine Seite. Die Frauen sollten sich bewusst machen, dass ihr Kind ein Individuum ist, das sie lediglich einen Teil seines Lebens intensiv begleiten. So wie ich das

Recht auf ein eigenes Leben habe, hat es das Kind natürlich auch. Es braucht viel Liebe, aber auch eine natürliche Distanz. Für den heranwachsenden Jugendlichen ist es wichtig, dass er seine Dinge in die Hand nehmen muss. Eltern hingegen müssen loslassen.

Zerbricht da heutzutage denn auch etwas? Wenn Kinder heute ausziehen, sind sie manchmal auch weit weg. Verlieren sich da nicht auch wichtige familiäre Anker?

Natürlich! Kinder brauchen auch im Erwachsenenalter einen Anker, egal wie weit sie weg sind. Rituale bleiben immer wichtig. Ein Leben lang.

Was sollten Eltern bedenken, wenn Kinder ausgezogen sind?

Viele Eltern funktionieren gar nicht mehr als Paar, wenn die Kinder noch im Haus sind. Das halte ich für fatal. Sie müssen sich Zeit füreinander nehmen, das Paar-Sein pflegen, um nicht in eine Leere zu fallen. Wir Psychologen nennen das »Empty-Nest-Syndrom«.

Es gibt zwei Ebenen: die Elternebene und die Paarebene. Die Paarebene steht aber immer über der Elternebene. Denn die Aufgabe der Eltern ist irgendwann beendet. Das Paar aber gab es schon vorher und sollte es, wenn möglich, auch noch nachher geben.

Wie lange dauert denn diese »Empty-Nest-Phase«, und wie können Eltern diese beschleunigen?

Bei manchen dauert sie ein paar Monate, bei anderen Jahre. Man sollte sich dem eigenen Leben und dem als Paar möglichst schnell widmen. Viele Eltern wissen gar nicht mehr, worüber sie miteinander reden sollen. Dieses »Beieinander bleiben« verlieren viele völlig aus den Augen. Man sollte sich als Paar wieder mit der Zukunft beschäftigen und Pläne schmieden. Empty-Nest ist auch ein bisschen so ein Ding unserer Zeit geworden.

Wie verhält sich dies bei Alleinerziehenden?

Da gilt das Gleiche. Jede Mutter muss lernen, wieder ins eigene Leben eintauchen. Dennoch: Wenn das Kind zu Besuch kommt, möchte es sich auch willkommen fühlen. Wer aus Platzgründen das Kinderzimmer umwandelt, der sollte dies vorher mit dem Kind besprechen und es nicht vor vollendete Tatsachen stellen. Das hat auch mit Respekt zu tun.

Was ist die schwierigste emotionale Hürde für jede Mutter?

Loszulassen und akzeptieren, dass sie nun kein Kind mehr vor sich hat, sondern einen jungen Erwachsenen. Und so sollte sie ihn auch behandeln.

Fakten-check

KINDER

Heute leben mit Mitte zwanzig fast vier von zehn **jungen Leuten** in Deutschland noch **bei ihren Eltern**. 1972 waren es in der Bundesrepublik und West-Berlin nur zwei von zehn.[7]

Im Alter von 30 Jahren wohnen noch **zwölf Prozent** der Männer und **fünf Prozent** der Frauen bei den Eltern.[7]

Im Durchschnitt ziehen deutsche Frauen **mit 23,9 Jahren** und Männer mit **25,1 Jahren** von zu Hause aus.[7]

Laut Schätzungen leiden etwa ein Drittel aller Mütter unter dem **»Empty-Nest-Syndrom«**.[8]

In **Italien** beispielsweise ziehen Männer durchschnittlich erst mit **30,9 Jahren** au Frauen mit **29,5**.[7]

Längere Ausbildungszeiten und Wohnungsmangel haben Fachleute als Gründe ausgemacht. Junge Leute, die den Absprung von zu Hause noch nicht geschafft haben, sind meist wirtschaftlich unselbstständig, unverheiratet, kinderlos und ohne Anstellung.[9]

Das Auszieben beschleunigt das Erwachsenwerden wie kaum ein anderer Schritt im Leben.[10]

Mehr als die Hälfte aller Deutschen meinen: Erwachsene Kinder sollten so schnell wie möglich von zu Hause ausziehen.[11]

Zwei von drei Deutschen finden: Spätestens mit Mitte zwanzig sollte für Kinder Schluss sein mit »Hotel Mama«.[12]

Frage-
bogen

– MICHAELA –

52, verheiratet,
Finanzbeamtin. • Eine Tochter,
18 Jahre, ein Sohn, 20 Jahre.

Wie haben Sie Ihren fünfzigsten Geburtstag gefeiert?

Eine Party mit fünfzig Freundinnen und Freunden in einer bergischen Kneipe. Weil ich keine materiellen Wünsche hatte, haben alle gemeinsam ein wunderbares Buffet zusammengetragen.

Wenn Sie in den Spiegel schauen, wen sehen Sie?

Eine Frau mit fröhlichen Falten, die mit mir beschwingt durchs Leben geht – meine beste Freundin!

Leben Sie so, wie Sie es sich gewünscht haben?

Wild? Unersättlich? Sexy? Eher nicht!

Aber: geliebt und geschätzt, flexibel und spontan, erfinderisch und kraftvoll, engagiert und unabhängig.

Worauf sind Sie stolz?

Auf unsere zwei Kinder, jetzt achtzehn und zwanzig Jahre.

Auf die ehrenamtliche Projektarbeit im Dorf: Wir haben mit sechs Freunden vor vier Jahren eine alte leer stehende Gaststätte mit Spendengeldern gekauft, wertebewahrend renoviert und gestalten dort einen Ort der Begegnung mit unterschiedlichen Angeboten für alle Facetten des Lebens.

Was war die größte Wendung in Ihrem Leben?

Kinder zu bekommen!

Wir waren schon acht Jahre verheiratet, beruflich vorangekommen, immer noch sportlich, dauernd unterwegs. Dann mit der ersten Schwangerschaft 24 Kilo zugenommen, die ich nur mit großer Anstrengung wieder wegtrainieren konnte. Von der geschätzten Mitarbeiterin mutierte ich in den Augen der anderen Kolleginnen und Vorgesetzten zur Teilzeit-Beschäftigten, deren Schwerpunkt ja nunmehr bei der Familie lag. Gleichzeitig hatte ich den Eindruck, von den Vollblut-Müttern im Dorf mitleidig angesehen zu werden, die sich ganz auf ihre Kinder konzentrierten und die Vereinbarkeitsvisionen eher verurteilten nach dem Motto »Die macht ja nichts richtig!«

Alle meine Schwerpunkte des bisherigen Lebens (Beruf, Hobby, Lebensmittelpunkt, Zeiteinteilung ...) wurden auf den Kopf gestellt.

Was hat Sie rückblickend am meisten erschüttert?

Ein beruflicher, von mir nicht geplanter Wechsel, bei dem ich feststellen musste, dass auf bisherige Kolleginnen kein Verlass mehr ist und jede/r seinen Preis hat, wenn es um die Durchsetzung der eigenen Interessen geht.

Ich war Mitglied eines Gremiums – auf dem besten Wege, den Vorsitz zu übernehmen. Da brach unvorhergesehen meine Kinderbetreuung zusammen, und ich habe mich von einem Tag auf den anderen beurlauben lassen, die Kinderbetreuung in der Schule ehrenamtlich übernommen, dort sogar noch den Mittagstisch neu eingeführt. Als ich selbstsicher am Wahltag wieder im Dienst erschien, hatte man inzwischen die weiteren Pläne ohne mich gemacht, allerdings auch ohne mein Wissen. Die Wahl habe ich haushoch verloren an eine bis dahin unbekannte Person – für mich der absolute Alptraum mit bösem Erwachen! Daraufhin habe ich mein Mandat niedergelegt und in einer anderen Abteilung von vorne angefangen.

Die Erkenntnis, dass die Vorstellung vom gemeinsamen Älterwerden nicht einforderbar ist.

Wie wichtig sind Ihnen Liebe und Sex in dieser Lebensphase?

Liebe und Vertrauen sind für mich das höchste Gut. Das muss nicht mit Sex gekoppelt sein. Aber ein Volltreffer, wenn es übereinstimmt.

Mir ist im Laufe der Zeit klar geworden, wie wichtig es ist, die eigenen Bedürfnisse zu formulieren, auszusprechen, was mir gefällt und was ich mir wünsche.

Was haben Sie sich für die nächsten Jahre vorgenommen?

Nicht wirklich was Konkretes: Zufrieden zu bleiben, glücklich zu sein und für meine Gesundheit zu sorgen.

Beschreiben Sie Ihren Herzenswunsch?

Seit meiner Jugend habe ich diese Sehnsucht mit mir herumgetragen, aber es hat irgendwie nie gepasst, und jetzt hat sich mein Wunsch erfüllt: Israel auf den Spuren von Jesus zu bereisen mit Menschen, die mir guttun. Das durfte ich im September 2016 und hinterlässt Spuren bei mir!

Ich möchte auf Dauer in Gemeinschaft mit Gleichgesinnten leben. Bisher war das unsere Familie, bei der aber im Moment alles im Wandel ist: Die Kinder sind durch ihre Ausbildung weiter entfernt und machen ihr eigenes Ding. Mein Mann hat selber Musik zu machen als bestimmendes Hobby für sich wiederentdeckt.

Ich möchte gerne meine Zeit, meine Interessen und Vorlieben mit Menschen teilen, die ähnlich ticken.

Am liebsten eine Alters-WG mit guten Freundinnen.

Was ist Ihre wichtigste Erkenntnis in dieser Lebensphase?

Meine eigenen Visionen sind entscheidend und ich kann alles in Angriff nehmen – nichts ist zu groß. Ich muss aber nichts allein machen, sondern kann mir gute Verbündete suchen. Ich werde in meinem Netzwerk getragen.

Geht nicht, gibt's nicht – ist mein Motto.

Und umgekehrt: Unnötiges einfach wegzulassen, tut mir gut. Ich muss nicht immer alles machen, was die anderen von mir erwarten. Das »schlechte Gewissen« dafür haben mir andere beigebracht. Wichtig ist, dass ich mich selber spüre!

Das Entscheidende in meinem Leben ist, für mich selbst Klarheit zu haben. Ich kann nicht darauf hoffen, dass andere Menschen sich ändern und meinen Erwartungen entsprechen. Letztendlich kann ich nur mich selbst wandeln.

Was tut Ihnen heute gut? Was beflügelt Sie?

Andere Menschen mit Beratung aus meinen Erfahrungen zu stärken. An die nächste Generation oder auch an Fremde zu geben, was ich selbst geschenkt bekommen oder auch, was ich mir für mich gewünscht habe, aber eben nicht hatte.

Und: Selber Anerkennung zu erhalten für mein Engagement.

Immer wieder neu gesucht und gefunden, beflügelt mich der phantasievolle und grenzenlose Austausch mit anderen.

Frage-
bogen

– SABINE –

54, geschieden,
Tiermedizinerin. • Eine Tochter,
17 Jahre, ein Sohn 21 Jahre.

Wie haben Sie Ihren fünfzigsten Geburtstag gefeiert?

Anders als gedacht. Mein Vater starb drei Wochen vorher, die große Party hatte ich schon gar nicht mehr geplant. Meine Kinder waren auf Klassenfahrt, aber zwei sehr gute Freunde kamen zu Weißwurst und Champagner vorbei. Danach gingen wir am See spazieren. Es regnete, aber ich habe einen schönen Tag in Erinnerung.

Wenn Sie in den Spiegel schauen – wen sehen Sie?

Mich, so wie ich bin, akzeptiert. Selbstbewusster als früher, reifer, mit Sorgenfalten und Lachfalten.

Leben Sie so, wie Sie es sich gewünscht haben?

Ich lebe nicht so, wie ich es geplant hatte. Aber ich lebe zufrieden in einer wunderbaren Region. Meine Familie ist klein, mein Freundeskreis überschaubar, aber sehr wertvoll. Ich habe zwei wunderbare Kinder und Freunde, die zu mir passen.

Worauf sind Sie stolz?

Ich bin stolz, dass ich immer wieder aufgestanden bin und zwei tolle Kinder alleine großgezogen habe. Meiner kleinen Familie kann ich Sicherheit bieten, auch dank meines Berufes, in dem ich anerkannt und erfolgreich bin. Und ich bin stolz auf meine Freunde, so unterschiedlich sie sind.

Was war die größte Wendung in Ihrem Leben?

Meine Scheidung und mein fast zeitgleicher Umzug mit meinen Kindern in eine fremde Region.

Was hat Sie rückblickend am meisten erschüttert?

Der Tag, an dem der Vater meiner Kinder sagte, dass wir ihn nicht glücklich machen, auszog und die Verantwortung für die Kinder mir alleine überließ.

Wie wichtig sind Ihnen Liebe und Sex in dieser Lebensphase?

Sehr wichtig. Liebe ist in jeder Lebensphase wichtig, und Sex wird immer besser.

Was haben Sie sich für die nächsten Jahre vorgenommen?

Bewusst zu genießen, gesund älter zu werden.

Zufrieden in die zweiten fünfzig Jahre zu gehen (wir werden doch alle hundert, oder?!?). Aber auch meinen Weg zu gehen, mein Leben zu leben. Dankbar zu sein.

Beschreiben Sie Ihren Herzenswunsch?

Einen Partner finden, der wirklich zu mir passt und mich mit all meinen Ecken und Kanten annimmt.

Was ist Ihre wichtigste Erkenntnis in dieser Lebensphase?

Das Leben ist eine Wellenbewegung mit vielen Höhen und Tiefen. Weil ich das gelernt habe, bin ich nun gelassener.

Lass uns das Leben ab fünfzig bewusst genießen, solange wir es können!

Was tut Ihnen heute gut? Was beflügelt Sie?

Ein Espresso auf der Couch mit Blick ins Grüne und in die Berge. Ein Sonnenuntergang am See. Neuschnee auf der Piste. Ein guter Wein. Ein gutes Gespräch, eine liebevolle Umarmung. Menschen, die mich mögen.

KARRIERE, JOB UND BERUFUNG

»Es ist nicht die stärkste Spezies, die überlebt, auch nicht die intelligenteste, es ist diejenige, die sich am ehesten dem Wandel anpassen kann.«

– Charles Darwin

»Ich könnte mir vorstellen, nochmal was ganz anderes zu machen.« Das ist einer der am meisten gesprochenen Sätze unserer Generation. Er beginnt erst in den Köpfen, zögerlich, als fragile Idee. Meist taucht er erstmals mit Mitte, Ende vierzig auf. Aber dann fällt der Satz immer häufiger, bahnt sich seinen Weg durch Gehirnritzen und Küchengespräche; begleitet uns traumwandlerisch beim Joggen; befeuert plötzlich Bürodiskussionen und setzt sich irgendwann als reale Zukunftsoption in unseren Gedanken fest. Jedenfalls bei vielen von uns. Warum?

Aus der Forschung weiß man, dass Frauen von Kindesbeinen an ein weit verstreutes Interesse an vielen Dingen entwickeln. Ein weiteres und vielschichtigeres als Männer.

Wohl uns alle beschäftigt zuweilen die Frage: was, wenn nochmal alles anders wäre? Die Vorstellung, das alles im selben Muster weitergeht, nochmal ein Jahrzehnt, beklemmt manchmal einfach, oder? Besonders mit fünfzigplus, dann nämlich, wenn vieles erreicht und stabil ist, kämpfen sich Interessen und neue Facetten unserer Persönlichkeit ans Licht. Denn bis hierher haben wir ja schon vieles geschafft. Aber ist es nicht auch ein bisschen fad geworden, selbst wenn es zuweilen angenehm bequem ist?

Natürlich: Das Spiel mit Stärken und Schwächen, Talenten und Begabungen macht uns nicht mehr nervös. Jetzt, mit über fünfzig, sind wir geübt in der Partitur unseres Jobs. Wir wissen, worin wir gut sind und wie wir was erreichen. Wir haben jede Menge Berufserfahrung und vermutlich bereits zahlreiche Krisen und Herausforderungen gemeistert. Eine gewisse Routine trägt uns auf weiten Strecken durch den Job, die ein oder andere berufliche Situation haben wir schon so oder so einmal gehabt. Die Dinge wiederholen sich – jedenfalls im Großen und Ganzen. So kann es zumindest sein, wenn man seit Jahren im selben Beruf arbeitet oder sogar bei derselben Firma beschäftigt ist.

Die einen befriedet die Routine, andere langweilt sie. Die einen entstressen Erfahrung und Souveränität, andere suchen neue Herausforderungen. Ab fünfzig findet eben auch hier eine Wende statt. So oder so. Sicher auch, weil allen klar wird: Hier gibt es nochmal Raum für Veränderung. Wenn wir unseren Lebensbogen anschauen und alles gut geht, dann bleibt hier noch gernug Zeit für etwas Neues. Noch geht's. Und deshalb ist es Zeit für eine persönliche Standortbestimmung.

Klar, manchen fehlt der Mut, das Geld oder schlichtweg die Möglichkeit. Und viele wollen einfach nicht, weil sie sich in ihren beruflichen Lebenswelten pudelwohl fühlen. Aber trotz allem nagt in so manchem – das haben wir aus vielen Gesprächen erfahren – dieser Gedanke: jetzt oder nie mehr!

Jetzt ist eben auch die Zeit, langgehegte Träume wahrzumachen. Und manche tun das ja wirklich. Sie fassen den Entschluss, packen Koffer, lösen Haushalt und Leben auf und fahren los.

Wir kennen eine geschiedene Webdesignerin. Mit Anfang fünfzig hatte sie einfach keine Lust mehr auf ihr altes Leben in einer Großstadt. Von heute auf morgen – ohne großen Plan – zog sie in einen kleinen Küstenort an der Nordsee, der ihr durch viele Urlaube über Jahrzehnte eine Art innere Heimat geworden war. Nun arbeitet sie von ihrer Terrasse aus mit Blick aufs Meer. Ihren zu eng gewordenen Alltag hat sie abgestreift und sich selbst frische Luft verschafft. Alte Freunde besuchen sie hin und wieder. Meist ist sie sich heute in ihrem neuen Leben selbst genug.

Eine andere Bekannte hat ihren radikalen beruflichen Ausstieg geplant, strukturiert und von langer Hand vorbereitet. Schon mit Mitte Dreißig stand für sie fest: Die Zwänge des Berufslebens, die Regeln und Pflichten, der vorgegebene Tagesablauf – das wollte sie nur so lange durchziehen, wie es nötig war. Mit Ende vierzig dann hatte sie genug angespart. Sie gab ihren Beruf als Beraterin auf, löste ihren Hausstand auf, verkaufte, spendete und warf weg, was ihr überflüssig schien. Finanziell konnte sie es sich nun leisten, Job und Karriere links liegen zu lassen und abzubiegen in ein neues Leben. Ohne Kinder, die es zu versorgen galt, ohne Angst vor Armut – und wohl auch dank guter Geschäfte an der Börse und eines betuchten Elternhauses. Gemeinsam mit ihrem Mann machte sie sich auf, um in einem Wohnwagen die Welt zu entdecken. Schon seit der Jugend hatte das Reisen sie fasziniert, doch nun sollte es unbegrenzt sein. Das Unterwegssein, das In-den-Tag-hinein-Leben im Vordergrund stehen. Ohne festes Ziel, ohne Zeitvorgabe. Fünf Jahre lang hat sie das genau so gemacht: heute hier, morgen dort. Vor Kurzem kehrte sie heim. Es war fürs Erste genug. Wurzeln, Heimat, Freunde – das zog sie wohl zurück. In der Ferne entwickelte all das, was sie früher eingeengt hatte, eine neue Qualität. Heute schwankt sie: Was wiegt nun mehr? Die Geborgenheit des sozialen Netzes zu Hause, der Luxus einer medizinischen Versorgung oder die Freiheit, in den Tag zu ziehen, sich inspirieren zu lassen, ohne Pflicht, ohne Aufgabe? Vielleicht beginnt sie jetzt etwas Neues, vielleicht beginnt sie wieder zu arbeiten, engagiert sich ehrenamtlich, vielleicht macht sie auch einfach weiter wie bisher. Hatte der Beruf früher im Mittelpunkt gestanden, geht es jetzt nur noch um sie und ihre Bedürfnisse. Dieser Zustand ist allerdings schwieriger als gedacht. Die Flut an Möglichkeiten kann auch ratlos machen. Mit all diesen Ambivalenzen ist sie nun auf der Suche nach einem neuen Lebensmodell.

»Ein Mensch sagt – und ist stolz darauf – er geh in seinen Pflichten auf. Bald aber, nicht mehr ganz so munter, geht er in seinen Pflichten unter.«

– Eugen Roth

Ganz anders die Geschichte einer erfolgreichen Managerin. Sie war oben angekommen auf der Karriereleiter im Modebusiness, hatte Personalverantwortung, verdiente viel Geld. Dann, für sie völlig unvermittelt, ohne jegliche Warnung, kam die Kündigung. Die Firma werde intern umstrukturiert, sie sei nicht mehr erwünscht, eröffnete ihr der Geschäftsführer. Sie erhielt eine Abfindung, die allerdings nicht hoch genug war, um als Alleinverdienerin weiter die Familie zu unterhalten und die Raten für das Haus zu zahlen. Im Schockzustand, regelrecht apathisch, war sie wochenlang handlungsunfähig. Mit Anfang fünfzig ohne Job und ohne Perspektive dazustehen, war ein solcher Albtraum für sie, dass sie jegliches Selbstwertgefühl zu verlieren drohte. Wie ferngesteuert kontaktierte sie Headhunter, formulierte Bewerbungen, hörte sich um. Die wenigen Positionen, die für ihre Qualifikation und Gehaltsklasse überhaupt infrage kamen, waren allesamt Kompromisse, weit weg und/oder schlechter bezahlt. Sie konnte nicht ein einziges Bewerbungsgespräch bestreiten. Sechs lange Monate lag sie Nacht um Nacht wach, voller Sorge und Existenzängste. Dann endlich wurde sie eingeladen. Es gab diese eine Chance. Am Ende setzte sich ihre erarbeitete Souveränität durch, sie bekam den Job.

Seither lebt sie unter der Woche 350 Kilometer entfernt von ihrer Familie. Ihre Teenagertochter und ihren Mann sieht sie nur noch am Wochenende. Eine andere Wahl gab es nicht, und nach mittlerweile zwei Jahren hat sie sich heute mit ihrem neuen Lebensrhythmus und der Firma irgendwie arrangiert. Sie versucht eben das Beste daraus zu machen. Die Angst, wieder auf der Straße zu stehen, sitzt tief – sie wird wohl durchhalten müssen.

»Pflichten werden nicht um ihrer selbst willen erfüllt, sondern weil ihre Missachtung das Behagen des Menschen beeinträchtigen würde.«

— Mark Twain

Eine Bekannte war jahrzehntelang erfolgreiche Juristin, verbeamtet. Sie hat viel erreicht, Dinge bewegt, Millionen verantwortet und große Projekte auf den Weg gebracht. Die Anerkennung von außen und der Erfolg waren der Motor, der sie immer weiter, immer schneller hat fahren lassen. Täglich bis zu zwölf Stunden hat sie geackert, immer 120 Prozent gegeben und das auch von ihren Mitarbeitern verlangt. Mit Anfang fünfzig dann kam die Diagnose Brustkrebs. Von jetzt auf gleich musste sie runter vom Gas und raus aus dem Leistungskarussell. Was gerade noch ihr Lebenselixier gewesen war, wurde jetzt erzwungenermaßen zur Nebensache.

Als sie nach einem Jahr mit Abstand und fürs Erste geheilt zurück in die Arbeit kam, hatte sich ihre Sicht komplett verschoben. Es gab noch immer diese spannenden Projekte, immer noch Aufgaben, die es zu bewältigen galt. Aber dieser unbedingte Wunsch nach Anerkennung durch andere war weg. Natürlich wollte sie ihre Arbeit immer noch gut machen, erfolgreich sein – aber nicht mehr um jeden Preis. Nicht mehr für die anderen, jetzt nur noch für sich. Sie wollte nur noch so weit gehen, wie es ihre innere Stimme, ihre Kraft, erlaubte. Für ihre Vorgesetzten war das ein Schock – denn auf einmal sagte sie Nein, lehnte Aufgaben ab. Sie nahm sich schlichtweg die Freiheit, in ihrer eigenen Taktung zu arbeiten. Das war das Ende ihrer Karriere!

Gleichzeit war es aber ein notwendiger Schritt hin zu ihrer neuen persönlichen Freiheit. Sie war durch den Abstand, den ihr die Krankheit aufgezwungen hatte, gelassener geworden und innerlich gereift. Prestigeträchtige Projekte, mehr Gehalt – darum geht es ihr heute nicht mehr. Sie genießt den inneren Raum, der sich ihr öffnete und ihr eine neue Selbstpositionierung ermöglichte. Sich anbiedern müssen, verbissen um Erfolg kämpfen – das wollte sich nun nicht mehr. Auch konnte sie nun ihre Schwächen zulassen, erkannte deutlich ihre eigenen Bedürfnisse. Nun arbeitet sie nicht mehr Vollzeit, macht häufig Homeoffice und ist in die zweite Reihe zurückgetreten. Ihre Freizeit, ihre auch schon erwachsenen Kinder haben endlich Platz in ihrem Leben. Und sie hat ganz neue Seiten an sich entdeckt, Talente – die sie nun ausbaut. Sie überlegt, eine Yogalehrerausbildung zu machen. Sie reist viel und ist froh um das finanzielle Polster, das sie sich in frühen Berufsjahren geschaffen hatte.

So ist jede von uns ihren Weg gegangen – manche zielstrebig, manche über Umwege –, gestartet aber sind wir im gleichen Zeitgeist, mit dem Lebensgefühl und Selbstverständnis unserer Generation.

Was hat uns Babyboomer damals getrieben? Was prägte unsere Kindheit und Jugend?

Wir hießen Susanne, Sabine oder Martina. Wir trugen Schlaghosen mit Karohemden darüber. Wer eine Brille brauchte, trug ein üppiges Gerät auf der Nase und den Spott im Herzen. Zahnspangen wurden mit monströsen Gummis um den Kopf geschnallt. Wir fuhren Ski und Fahrrad ohne Helm, unser Gesicht wurde mit Spucke gesäubert. Unsere Mütter machten Mittagsschlaf und unsere Väter waren stolz auf ihr neues Auto. Auf langen Autofahrten saßen sie rauchend am Steuer, während wir Kinder unangeschnallt wahlweise im Fußraum oder – bei kleiner Körpergröße – in der Hutablage schliefen. Unsere Fernseh-Helden waren Little Joe aus *Bonanza*, der schielende Löwe aus *Daktari* und der poetische John Boy Walton. Wir spielten mit Regenwürmern, und wo wir uns nachmittags so herumtrieben, scherte eigentlich niemanden. Die Werbe-Ikonen hießen Clementine und »Hallo, Herr Kaiser«, und samstags fieberten wir schmachtend Bernd Clüver und Jürgen Markus in der Hitparade entgegen.

Später rauchten wir dann selbstgedrehte Zigaretten, fuhren Mofa, erlebten den Terror der späten Siebziger, demonstrierten gegen Atomkraft und Pershings, debattierten über den Natodoppelbeschluss, und dann irgendwann zogen die Grünen strickend und stillend in den Bundestag ein. Zu jenem Zeitpunkt ungefähr zogen wir von zu Hause aus. Und hatten es eilig damit.

In der Auswahl unserer Studiengänge waren wir – im Nachhinein betrachtet – nicht sehr originell. Da gab's Jura und Betriebswirtschaft, Medizin und Pharmazie, und der große Rest landete mit Germanistik, Kunstgeschichte und Politik bei den Geisteswissenschaften. Aber uns allen war klar: Wir würden, anders als die meisten unserer Mütter, für unsere finanzielle Unabhängigkeit sorgen. Als Ärztin, als Journalistin, als Lehrerin, als Anwältin oder »irgendwas mit Film«.

Wir waren eben die ersten Frauen, die selbstverständlich studierten und die eigene Unabhängigkeit, die eigene Karriere fest im Blick hatten. Hoch motiviert und voller Energie verfolgten wir unsere selbst gesetzten Ziele – manche von uns so leidenschaftlich und emanzipiert, so erfüllt von Erfolg und Bestätigung, dass sie Privates auf später vertagten.

Vielleicht waren wir alle einfach erpicht darauf, diese Möglichkeiten zu nutzen? Wir wollten die Chancen nicht vergeuden – und waren zugleich auch getrieben durch das Bild, das unsere Eltern abgaben, die ja niemals gleichberechtigt waren. Unsere Mütter hatten kaum eine Wahl.

Wir hingegen wollten alles: Karriere, Selbstverwirklichung, Unabhängigkeit – und irgendwann dann vielleicht auch eine eigene Familie. Aber das hatte Zeit, es schien so selbstverständlich. Zufällige Schwangerschaften waren unpassend, Abbrüche nichts Ungewöhnliches, gesellschaftlich geduldet. So haben sich manche von uns berauscht am beruflichen Erfolg, die Karriereschritte genossen und stille Nächte am PC konzentriert durchgearbeitet. Einsamen, sich in die Länge ziehenden Sonntagen trotzten wir genau wie der gelegentlich aufkeimenden Sehnsucht nach Familie und Kindern.

Und dann – als manche sich dafür bereit fühlten und einen möglichen Karrieknick in Kauf genommen hätten, fehlte entweder der geeignete Mann, oder sie wurden nicht schwanger. Denn für viele war es schlichtweg zu spät. Sie hatten den richtigen Zeitpunkt verpasst.

Kinderlos zu sein ist für unsere leistungsorientierte Generation heute kein Stigma mehr. Manchmal sogar eine bewusste Entscheidung. Denn wir waren eben auch die erste Generation, die sich aus Überzeugung für andere Wertigkeiten und damit gegen Kinder ausgesprochen hat. Für Karriere, für Geld, für persönliche Freiheiten.

So sind wir heute hier angekommen. Nach erfolgreichen Karrieren, nach erkämpften Teilzeitmodellen; mit teuren Tagesmüttern; mit beruflichen Versäumnissen – und sind nach wie vor bereit, viel zu geben. Aber eben nicht mehr um jeden Preis.

»Wege entstehen dadurch, dass man sie geht.«

– Franz Kafka

Interview

– GERDA BORNSCHIER –

Dipl.-Sozialökonomin, zertifizierter Coach, Gestalttherapeutin und systemische Organisationsberaterin

Wie blicken Frauen ab fünfzig auf ihre Karriere?

Die Bedeutung von Karriere wird immer mehr hinterfragt. Viel wichtiger ist heute: Was will ich wirklich? Was heißt »Karriere« für mich persönlich? Mit fünfzig Jahren fühlt man sich heutzutage nicht mehr zu alt, seine Zukunft neu zu gestalten, neue berufliche Wege zu finden und sie auch gehen zu können. Alter ist eine Kopfsache: Sie sind, was Sie von sich denken, und das strahlen Sie aus. Wenn ich denke, nicht mehr attraktiv oder zu alt für den Arbeitsmarkt zu sein, dann vermittle ich das auch in den Bewerbungsgesprächen. Klar wird es ab fünfzig schwieriger, einen neuen Job zu finden, aber es ist nicht unmöglich. Wenn ich Offenheit zeige, von mir und meinen Kompetenzen überzeugt bin, ein positives Lebensgefühl ausstrahle und denke: Ich finde die heutige Arbeitswelt immer noch spannend, dann wirke ich anders. Souveräner. Denn ab fünfzig bringen Sie auch mehr Berufs- und Lebenserfahrung mit.

Viele haben ab fünfzig bereits erreicht, was sie erreichen wollten, haben klassisch Karriere gemacht. Und es geht nun vielmehr um die Freude und um den Spaß an der Arbeit, auch um die so viel bemühte *Life Balance*, also vielleicht auch darum, weniger zu arbeiten. Was ist der Sinn des Ganzen? Frauen überlegen sich: Will ich den Stress noch? Lohnt sich das überhaupt? Noch mehr Verantwortung, auf der Karriereleiter noch höher steigen? Oder endlich das tun, was mir entspricht?

Die persönlichen Werte verschieben sich, Frauen ab fünfzig setzen andere Prioritäten. Die Sicht auf die Dinge verändert sich, vieles wird auf den Kopf gestellt und der bisherige Berufsweg zunehmend hinterfragt. Und manchmal muss man etwas loslassen und auf eine vermeintliche Sicherheit wie zum Beispiel ein hohes Gehalt oder den beruflichen Status verzichten können. Die meisten aber entwickeln eine neue Identität und erkennen in diesem Lebensabschnitt, dass mit sich und seinen Bedürfnissen im Einklang zu sein, also frei und selbstbestimmt die eigene Karriere neu zu definieren, Sinn zu spüren und aus der Arbeit Kraft schöpfen zu können, mit Geld und Status nicht aufzuwiegen ist. Dazu braucht es eine innerliche Bereitschaft und Erlaubnis, die eigenen Wünsche und Sehnsüchte in die Tat umzusetzen.

Diese Fragen stellen sich heute schon Vierzigjährige. Sie haben bei ihren Eltern mitbekommen, was die beruflichen

Strapazen mit ihnen gemacht haben und wie hoch der Preis dafür war.

Sollten Menschen, die in diesem Alter ihren Job verlieren, nicht auch eher Stellenangebote annehmen, die auf den ersten Blick nicht geeignet scheinen?

Erst einmal würde ich dazu raten, etwas anzunehmen mit der Haltung: Diese Arbeit ist ein Mittel zum Zweck – ein Job, der zunächst mal den Lebensunterhalt sichert, mich aber auch nicht zu sehr vereinnahmt. So nimmt man Druck raus und verschafft sich einen gewissen Freiraum, um dann gezielt weiter zu schauen. Das kann ein Impuls sein, um sich zu fragen: Will ich etwas ganz anderes machen? Vielleicht freier und selbstbestimmter arbeiten?

Warum ist es für viele Frauen um die Fünfzig schwer, neue berufliche Wege zu gehen?

Die Angst zu scheitern ist oft ein Grund. Die Befürchtung, auf dem neuen Weg zu scheitern, wirkt wie eine Bedrohung. Das ist sehr verbreitet. Ich denke, es geht darum, eine andere Haltung zum Scheitern zu entwickeln. Scheitern will gelernt sein! Es geht also um die Erarbeitung einer inneren Erlaubnis, dass Fehler und Versagen sein dürfen und kein Makel sind. Erfolg und Misserfolg im Leben gehören zusammen – genauso wie Sicherheit und Freiheit, wie ein- und ausatmen. Man kann lernen – auch mit oder trotz der Unsicherheit und der kleinen oder großen Angst, neue, ungewohnte Schritte zu gehen. Und man kann eine

Haltung entwickeln, Scheitern als eine positive Kraft zu sehen.

Ich frage Sie: Was passiert, wenn ich alles im Leben dafür tue, um nicht zu scheitern? Wenn ich sozusagen alles dahingehend vermeide und die Zukunft möglichst absichern möchte? Dann treffe ich keine Entscheidung und übernehme somit auch keine Selbstverantwortung. Und keine Entscheidung zu treffen, ist auch eine Entscheidung – nämlich fürs Aushalten und Hinnehmen, fürs Verharren, Ducken und Resignieren. Und das ist letztlich ein Verrat am Selbst.

Frauen, die sich leichter damit tun, haben nach meiner Erfahrung mehr Vertrauen in sich, vielleicht auch schon Umbrüche im Leben gehabt und Niederlagen erlebt, sind daran gewachsen und gehen leichter ein Risiko ein, weil sie Scheitern nicht als die große Katastrophe empfinden. Und sie ein Vertrauen in sich spüren, also eine Fähigkeit entwickelt haben und wissen, wie sie mit Rückschlägen umgehen und sich dadurch wieder neue Türen öffnen werden.

Es geht darum herauszufinden, was macht Sie ängstlich, was trauen Sie sich nicht und was befürchten Sie genau? Und ist das alles real?

Wenn ich mich beruflich unzufrieden fühle, was wäre eine Strategie?

Zunächst – sich nicht zufrieden zu geben, sich nicht mit seinem (Berufs-)Leben zu arrangieren, das heißt, sich selbst wichtig zu nehmen! Also, seinen Wünschen, Hoffnungen, Sehnsüchten und Bedürfnissen eine Bedeutung zu geben. Und Gefühle nicht zu verdrängen oder sich nichts vorzumachen bzw. einzureden, so in etwa: Jetzt hab mal keine Rosinen im Kopf, du bist doch in einer guten Position. Sei froh!

Das in sich Hineinspüren ist bedeutsam. Sich bewusst zu machen, was für Gefühle immer wieder auftauchen, wie zum Beispiel eine latente Unzufriedenheit oder ein Unglücklich-Sein. Und auch, wie sehr mache ich eigentlich die Umstände oder mein Umfeld für meine Lage verantwortlich? Ich rate: Nehmen Sie sich ernst und schieben Sie das, was immer wieder in Ihnen hochkommt und gelebt werden möchte, nicht zur Seite. Seien Sie Steuermann-/frau Ihres Lebens!

Sie können sich einen Plan machen, können Bilanz ziehen, Pro und Contra notieren, all das. Und ich verstehe gut, dass Menschen, wenn von zehn Punkten acht für etwas und zwei dagegen sprechen, sie die letzten zwei Punkte noch ins Positive wenden und absichern möchten. Aber das ist eben nicht möglich. Man kann die Zukunft nicht sicher machen, ein Restrisiko bleibt immer. Manches, wie eine Probezeit zum Beispiel, kann man nicht im Vorfeld bestehen.

Wenn Sie sich dann aber immer wieder im Kreis drehen, wäre es sinnvoll, sich von außen Unterstützung zu holen, bevor Sie wieder alles über Bord werfen. Es ist hilfreich zu erforschen, wie und womit Sie sich vielleicht erfolgreich selbst im Weg stehen. Was genau können Sie nicht verantworten, was nicht riskieren? Denn das passiert meist unbewusst. Allein kommt man oft nicht weiter und bleibt da, wo man sich befindet, stecken. Und ganz wichtig: Sich der eigenen persönlichen Schwierigkeiten bewusst zu werden und sich ihnen stellen zu können, ist eine Kompetenz und keine Schwäche!

Sich nichts zu trauen, nichts zu riskieren und sich vielleicht damit selbst im Weg zu stehen, passiert häufig. Es ist die Angst vor Veränderungen im Leben. Und das kennzeichnet die Stagnation. Und das bedeutet wiederum, in der gewohnten Situation zu verharren: »Besser alles bleibt beim Alten, dann weiß ich wenigstens, was ich habe«. Vor allem, wenn man älter ist und noch mal einen Neustart wagen möchte, ist die Angst vor Veränderung größer, und das führt dazu, nicht von der Stelle zu kommen. Denn wenn Menschen scheitern, dann möchten sie nicht hören: »Haben wir es dir nicht gleich gesagt!« Oder: »Das war ja zu erwarten!«

Ich möchte Søren Kierkegaard zitieren: »Etwas zu wagen bedeutet, vorübergehend den festen Halt zu verlieren. Nichts zu wagen bedeutet, sich selbst zu verlieren.«

Wie wahr!

Was raten Sie dann konkret?

Mut zur Angst, Mut zum Risiko, also sich etwas trauen. Wenn es sein muss, auch mit erfahrener Begleitung. Und sich fragen, wie real sind meine Ängste eigentlich? Denn wenn Sie auf die Nase fallen, sind Sie zumindest um eine Erfahrung reicher und hängen dem persönlichen Wunsch, der Idee, nicht mehr nach. Denn Sie haben es versucht! Und Frauen, die etwas gewagt haben, können stolz auf sich sein. Erfahrungen machen einen Menschen reicher als materielle Dinge. Und Sie haben dabei eine Kompetenz entwickelt, nämlich ein tieferes Vertrauen in die eigenen persönlichen Fähigkeiten, dass Sie mit Niederlagen gut umgehen können.

Dabei möchte ich aber betonen: Ich plädiere nicht dafür, gleich zu kündigen. Manchmal geht es darum, eine andere Haltung zu dem Bestehenden zu entwickeln, um eine Strategie der kleinen Schritte und darum, genau herauszufinden, was Sie wirklich wollen.

Vielleicht macht Ihnen aber auch das »Bore-out-Syndrom« zu schaffen? Das bedeutet, dass eine fehlende berufliche Perspektive Sie mutlos gemacht hat, Sie keine Erfüllung finden und das Gefühl haben, nicht »angekommen« zu sein? Dies gilt es ernstzunehmen und zu prüfen, wie Sie aus diesem »Stress der Unterforderung« wieder herauskommen können.

Viele tun sich schwer, hadern damit, dass im Berufsleben auf einmal Jüngere an ihnen vorbei ziehen …

Wenn Sie ein Problem damit haben, dass Sie selbst nun über fünfzig sind und Ihre Chefin oder Ihr Chef vielleicht zehn, zwanzig Jahre jünger ist als Sie, lohnt es sich zu fragen: Warum habe ich eigentlich ein Problem damit? Wenn man ein gesundes Selbstgefühl hat, sich also wertvoll fühlt, sich schätzt und stolz ist auf das, was man erreicht hat, kann man anderen ihren Erfolg gönnen und muss nicht in eine abwertende, negative Haltung kommen – frei nach dem Motto »so wie er oder sie das macht – das geht doch gar nicht!«. Sie haben doch schließlich auch etwas erreicht und können stolz auf sich sein.

Es geht vielmehr darum, zu lernen, auf sich selbst zu schauen und zu erkennen: Was ist das Einzigartige an mir? Was habe ich alles erlebt und erreicht in meinem Leben?

Und zu lernen, sich mehr zu schätzen, sich also anzunehmen und andere so sein lassen zu können.

Jeder Mensch hat seine Individualität, seine Besonderheit. Das können eine Gabe, besondere Fähigkeiten, Talente oder die Persönlichkeit, also meine Art zu wirken, sein. Dies gilt es (wieder) wahrzunehmen, denn das, was »einfach so« da ist, wird manchmal nicht gesehen, nicht geschätzt oder sogar abgewertet mit Sätzen wie: »Das ist doch nichts!« oder: »Dafür musste ich ja nichts tun«. Aber gerade wofür ich mich nicht anstrengen muss, was mir leicht fällt, ist das Wertvolle und eine Spur hin zur Entdeckung meiner persönlichen Einzigartigkeit.

Gibt es einen Unterschied zwischen männlicher und weiblicher »Karriere«?

Frauen trauen sich, glaube ich, immer noch zu wenig. Männer nehmen sich mehr raus. Aber auch Männer haben im Berufsleben oft ein Problem mit einer oder einem jüngeren Vorgesetzten und nehmen diese(n) nicht ernst. Auch hier spielt der eigene Selbstwert eine Rolle, nur die Reaktionen sind andere.

Viele Frauen haben ein anstrengendes Jahrzehnt hinter sich. Viele fühlen sich ausgepowert und vielleicht auch erschöpft. Sie sagen und fühlen nun: Ich kann eigentlich nicht mehr. Was raten Sie ihnen: Augen zu und durch?

Nein – auf keinen Fall! Es geht nicht um eine Leistungs- oder um eine Performancesteigerung. Nicht um ein »immer schneller, immer höher und immer weiter«. Aber wie kann man das aufgeben? Mein Grundsatz ist: Veränderung beginnt beim Innehalten und nicht beim »Machen«. Denn: Stets neue und größere Ziele, das Fehlen bewusster Auszeiten, große Strenge mit sich selbst und ein Druck, den Ansprüchen Dritter nicht zu genügen – das und mehr kann dazu führen, sich nur über Erfolg oder Misserfolg zu definieren. Doch wir sind viel mehr als unsere Erfolge und Misserfolge.

Fangen Sie also an, bewusst innezuhalten, seien Sie achtsam mit sich und beginnen Sie, Einengendes und Anstrengendes zu verabschieden. Und lernen Sie, wie Leistung mit Leichtigkeit verbunden werden kann. Stellen Sie sich, vielleicht auch wiederum mit professioneller Begleitung, die Fragen: Welchen Zweck hat dieses Getriebensein für mich? Was treibt mich an, perfektionistisch zu sein und sich immer anstrengen zu müssen? Warum fühle ich mich dafür verantwortlich, es anderen recht zu machen und für Harmonie zu sorgen?

Ab Mitte vierzig, Anfang fünfzig sind Menschen, die beruflich viel Verantwortung tragen, besonders Burnout-gefährdet. Häufig durch einen hohen Perfektionismus, verbunden mit einer enormen Anstrengung und Schnelligkeit. Perfektionismus lähmt und setzt uns unter einen enormen (Erfolgs-) Druck. Das führt zu innerer Unruhe, Stress und Erschöpfung.

Wie aber kommen wir raus aus dieser anstrengenden Perfektionismus-Falle und Leistungsspirale? Oft liegt die Messlatte, wie etwas sein soll, sehr hoch. Es ist wichtig, zu verinnerlichen, dass es ja lediglich eine eigene, die individuelle Messlatte ist! Was für den einen nur mittelmäßig ist, kann für den anderen bereits außerordentlich gut sein!

Machen Sie sich klar: Fehler zu machen heißt nicht, als Mensch fehlerhaft zu sein. Und lernen Sie, sich selbst mehr anzunehmen, wie Sie sind – mit allen Stärken und (vermeintlichen) Schwächen. Das stärkt Ihr Selbstwertgefühl. Die folgenden Sätze sind Möglichkeiten, loszulassen und sich auch mit 80 Prozent völlig in Ordnung zu fühlen: Gut ist gut genug! Ich bin vor allem wertvoll durch das, was ich bin. Ich darf auch Fehler machen und aus ihnen lernen.

Aber ist es denn schlecht, sich besonders anstrengen zu wollen? Nach dem Besten zu streben?

Es ist völlig in Ordnung, etwas perfekt machen zu wollen und ehrgeizig zu sein. Nur nicht in jeder Lebenslage und in jedem Lebensbereich. Da ist es gut, Gelassenheit zu entwickeln. Wir freuen uns alle über ein Lob und die Anerkennung, wenn uns etwas besonders gut gelungen ist. Problematisch ist nur, seinen Selbstwert davon abhängig zu machen.

Bei der heutigen Komplexität in der Arbeitswelt kann ich, außer ich bin eine Maschine, nicht den Anspruch haben, stets 100 Prozent und mehr geben zu wollen. Meistens sind gefühlte 80 Prozent völlig ausreichend. Hier gilt es, eine Unsicherheitstoleranz gegenüber seinen eigenen Ansprüchen zu entwickeln und auszuprobieren, wie das Umfeld darauf reagiert. Denn oft haben wir viel zu überzogene Ansprüche an uns selbst und merken gar nicht, dass unser Umfeld auch mit viel weniger wunderbar zufrieden ist. Viele Frauen haben gelernt, dass eine Leistung nur dann einen Wert hat, wenn Sie sich dafür ordentlich angestrengt haben. Was leicht von der Hand geht, ist verdächtig und hat nicht den Stellenwert.

Wenn Sie aber Ihre Arbeit, die Sie erfüllt, mit Leichtigkeit erledigen und daraus Kraft schöpfen können, wenn Sie persönlich nicht perfekt sein müssen und dafür interessante Ecken und Kanten haben – wie wäre das? Auf jeden Fall ein lohnenswertes Ziel! Und es befreit ungemein.

Fakten-check

BERUFSLEBEN

2031 etwa gehen die meisten **Babyboomer in Rente**. Dann werden wir **7,5 Millionen** mehr Rentner haben als heute und gleichzeitig 8,5 Millionen weniger Menschen im erwerbsfähigen Alter.[13]

Frauen verdienen durchschnittlich auch heute noch **ein Fünftel weniger** als Männer.[14]

1964 wurden **doppelt so viele Kinder** geboren wie 2012.[13]

Die **wichtigsten Posten** in Wirtschaft, Politik und Kultur halten heute die **50- bis 65-Jährigen**. Sie haben die größte Macht in unserer Gesellschaft.[13]

Die 50-65-Jährigen sind im Einzelhandel die kaufkräftigsten Konsumenten.[13]

Jede fünfte Babyboomerin arbeitet in Teilzeit. Sie hat sich vermehrt um die Kinder gekümmert und beruflich zurückgesteckt. Gleichzeitig haben Babyboomer ein höheres Bildungsniveau und eine bessere Ausbildung als ihre Vorgängergeneration.[15]

Nicht verheiratete Frauen sind stärker in den Arbeitsmarkt integriert als verheiratete.[15]

Ein Drittel der weiblichen Babyboomer hat Abitur. Einen Uniabschluss haben etwa 13 Prozent dieser Frauen.[15]

Jede sechste langzeitarbeitslose Babyboomerin stammt aus den neuen Ländern und ist von Altersarmut betroffen.[15]

Die durchschnittliche Altersrente der Babyboomerin wird rund 700 Euro betragen.[15]

Ein Drittel der Babyboomerinnen stehen ohne zusätzliche Altersvorsorge da.[15]

Insgesamt gibt es eine starke Klassentrennung – einerseits die qualifizierten, gut in den Arbeitsmarkt integrierten, die eine entsprechend hohe Rente bekommen, andererseits die Frauen, die vorwiegend in Teilzeit gearbeitet haben und von Altersarmut bedroht sind.[15]

Fragebogen

– ALEXANDRA –

51, geschieden, Single, IT-Spezialistin. Ein Sohn, 23 Jahre, eine Tochter, 20 Jahre.

Wie haben Sie Ihren fünfzigsten Geburtstag gefeiert?

Eigentlich wollte ich nicht feiern, aber meine Tochter hatte mich überzeugt, wenigstens ganz normal wie jedes Jahr zu feiern. So waren wir gemütlich essen mit Freunden (meinen und ihren) in einem Restaurant. Die Anwesenheit der vielen jungen Leute hat mir geholfen – ich habe mich dann doch nicht mehr so alt gefühlt, und habe gerne gefeiert.

Wenn Sie in den Spiegel schauen – wen sehen Sie?

Eigentlich immer noch dieselbe Person wie vor zwanzig Jahren. Ich wundere mich nur über die grauen Haarsträhnen, für die ich mich eigentlich noch gar nicht alt genug fühle.

Leben Sie so, wie Sie es sich gewünscht haben?

Ich habe seit meiner Jugend nie gewusst, was ich »mal werden« wollte, und weiß es auch heute noch nicht. Doch ich bin zufrieden mit den Zufällen des Lebens und was ich daraus gemacht habe.

Worauf sind Sie stolz?

Tut mir leid, aber »stolz sein« war immer ein Druckmittel meiner Mutter, aus mir etwas zu machen, daher verspüre ich eine gewisse Aversion bei dieser Frage. Ganz allgemein – je größer die Hürde für mich persönlich gerade war, desto glücklicher bin ich, diese überwunden zu haben. Konkret: mir im Ausland eine Existenz aufgebaut zu haben und meinen Kindern ein Zuhause geboten zu haben.

Was war die größte Wendung in Ihrem Leben?

Auszuwandern. Mir hat mal jemand gesagt, wenn man etwas im Leben ändern möchte, ist es am einfachsten, nur einen Faktor zu ändern (Job, Wohnort oder Beziehung). Als ich in die USA ging, änderten sich alle drei Faktoren gleichzeitig und haben sicher auch den Rest meines Lebens am nachhaltigsten beeinflusst. Ich habe mich in einen anderen Kulturkreis eingelebt und fühle mich dort nun zu Hause.

Trotzdem überlege ich manchmal, ob dies die beste Entscheidung war.

Was hat Sie rückblickend am meisten erschüttert?

Einen nicht kompatiblen Partner geheiratet zu haben und die Zeit in dieser meist unglücklichen Ehe. Dies war eine Phase, in der ich mich selbst nicht ausstehen konnte und die leider nur durch den Bruch mit einem vormals geliebten Menschen gelöst werden konnte.

Wie wichtig sind Ihnen Liebe und Sex in dieser Lebensphase?

Ich lebe alleine, und im Moment sind mir Gemeinschaft und Freundschaft am wichtigsten. Ob ich mich hierbei notgedrungen mit den Verhältnissen arrangiert habe oder ob mir wirklich etwas fehlt, habe ich ehrlich gesagt nicht hinterfragt …

Was haben Sie sich für die nächsten Jahre vorgenommen?

Nochmal beruflich eine neue Richtung einzuschlagen. Ich mag meine Arbeit, aber für weitere siebzehn Jahre bis zur Rente halte ich es nicht aus. Zum Glücke lebe ich in den USA, ich bekomme viel Zuspruch, wenn ich von meinen Plänen erzähle. Hier in Deutschland hat mir bis jetzt jeder gesagt, ich sei zu alt und verrückt, mir einen Neuanfang auszumalen.

Beschreiben Sie Ihren Herzenswunsch?

Endlich einmal zu internalisieren, dass ich bei allem, was ich tue, eine Wahl habe, und für alles, was ich tue, bewusst eine Intention zu setzen. Also selbst im Arbeitsalltag mir klar zu machen, dass ich zwar auch hier bin, weil ich Geld brauche, aber dass ich schlussendlich doch eine Wahl habe, wie und warum ich meine Tätigkeit ausübe.

Was ist Ihre wichtigste Erkenntnis in dieser Lebensphase?

Angst immer zu hinterfragen, ob sie auch berechtigt ist, und welchem Bedürfnis die Angst dient, denn oft schränkt die Angst mich zu sehr ein, als dass sie wirklich hilfreich ist.

Was tut Ihnen heute gut? Was beflügelt Sie?

Dass ich mich mit meinen erwachsenen Kindern immer noch gut verstehe und dass wir zusammen Spaß haben, auch wenn wir uns nicht jeden Tag sehen.

Fragebogen

– SASKIA –

50, Single, Autorin.

Wie haben Sie Ihren fünfzigsten Geburtstag gefeiert?

Für meinen fünfzigsten Geburtstag habe ich mir immer eine krachende Party vorgestellt: den Start in den zweiten »Akt« mit Wumms und Juhu. Tatsächlich sind mir in den drei Jahren vor dem Geburtstag Wumms und Juhu abhandengekommen.

Mit einer großen Feier wäre ich überfordert gewesen.

Ich habe an dem Tag nur meine besten Freunde ertragen – und natürlich etwas Anständiges zu trinken.

Wenn Sie in den Spiegel schauen – wen sehen Sie?

Im Spiegel sehe ich eine Frau, die gleichzeitig stark und zerbrechlich ist, übergeschnappt fröhlich und tief traurig, voller Hoffnung und voller Ängste; eine, die mühsam gelernt hat, die Balance zwischen den Extremen zu finden.

Leben Sie so, wie Sie es sich gewünscht haben?

Ja und nein. Ich habe mir eine Familie gewünscht, einen Partner, der meine Werte teilt, und gemeinsame Kinder. Diesen Wunsch habe ich beerdigen müssen. Aber mindestens genauso wichtig wie eine eigene Familie ist für mich immer ein stabiler Freundeskreis gewesen, Menschen, mit denen ich eng und vertrauensvoll verbunden bin. Diese Freunde gibt es in meinem Leben. Und ich habe das Ziel erreicht, einen Beruf im Sinne von Berufung auszuüben und eigenständig zu sein.

Worauf sind Sie stolz?

Auf meine beruflichen Leistungen bin ich stolz. Hätte ich sportlich Bemerkenswertes erreicht, wäre ich auch darauf stolz. Im privaten Bereich gibt es vieles, worüber ich mich freue – aber das Wort »stolz« hat dort keine Bedeutung für mich.

Was war die größte Wendung in Ihrem Leben?

Eine Erkrankung und eine Bauchoperation, die mich aus einem Leben im Galopp für mehrere Monate in völligen Stillstand und in Hilflosigkeit geworfen haben. Mein Körper hat *stopp!* gerufen. Für mich gibt es seitdem das Leben »vorher« und das Leben »danach«. Vorher habe ich mich selbst ausgebeutet, danach habe ich gelernt, auf mich zu achten.

Was hat Sie rückblickend am meisten erschüttert?

Diese Erkrankung und das, was folgte. Mein langjähriger Lebensgefährte hat mich in diesen Monaten im Stich gelassen. Er hat mich nicht besucht, sondern telefonisch mit Wutanfällen terrorisiert. Später stellte sich heraus, dass er ein Verhältnis mit einer gemeinsamen Freundin hatte. Trotzdem hat es noch ein Jahr gedauert, bis ich in der Lage war, die Beziehung zu beenden. Am meisten erschüttert hat mich, dass ich mich von ihm habe zerstören lassen, anstatt mich vor ihm zu schützen, dass mir ein gesundes Selbstwertgefühl gefehlt hat.

Wie wichtig sind Ihnen Liebe und Sex in dieser Lebensphase?

Liebe ist für mich sehr wichtig. Sie bedeutet mir Tiefe, Verbundenheit, Zuverlässigkeit – ein emotionales Zuhause. Sex wird mir wieder wichtiger, aber auf einer leichten, spielerischen Ebene.

Was haben Sie sich für die nächsten Jahre vorgenommen?

Ich möchte im Job größere Herausforderungen annehmen, Neues lernen, mich weiter ausprobieren.

Ich möchte ein Zuhause in mir finden. Und trotzdem den Wind in den Haaren spüren …

Beschreiben Sie Ihren Herzenswunsch?

Eine Partnerschaft, zu der ich aus tiefem Herzen Ja sagen kann.

Was ist Ihre wichtigste Erkenntnis in dieser Lebensphase?

Ich bin ich. Und ich bin gut so, wie ich bin. Ich darf und ich muss auf mich achten. Wer nicht anständig mit mir umgeht, fliegt raus – da gehe ich keine Kompromisse mehr ein.

Was tut Ihnen heute gut? Was beflügelt Sie?

Gemeinsame Erlebnisse mit Freunden oder meiner Familie.

Gespräche mit spannenden Menschen.

Seit mehr als vierzig Jahren schon: auf einem munteren freundlichen Pferd durch die Landschaft zu reiten.

Und nach wie vor: meine Arbeit.

Frage-
bogen

– KIRSTEN –

53, verheiratet · Grafik-Designerin.

Wie haben Sie Ihren fünfzigsten Geburtstag gefeiert?

Ich habe mit allen meinen liebsten Freunden und Familienmitgliedern, Nichten und Neffen und meinen Lieblingsnachbarskindern gefeiert – wir waren 65 Personen. Ich habe in meinem Viertel gefeiert: Wir waren bei unserem ganz normalen Stadtteil-Italiener, hatten ein wunderbar liebevoll zubereitetes Abend-Menü, ein paar tolle Einlagen – von Gesang bis Kinderfotos. Es war genau so, wie ich es mir gewünscht habe.

Wenn Sie in den Spiegel schauen – wen sehen Sie?

Mich – mit allen Facetten.

Leben Sie so, wie Sie es sich gewünscht haben?

Weitgehend ja: Ich lebe in der Stadt, die ich für mich passend finde, ich habe die für mich perfekte Wohnung, ich lebe in einer vertrauensvollen Ehe, ich habe sehr sehr gute Freunde und meine Geschwister.

Dennoch – ich wollte immer Kinder. Das hat leider nicht geklappt, trotz medizinischer Hilfe. Ich habe viele schlimme Situationen durchlebt, und es hat mich lange traurig gemacht, besonders, als die Kinder im Umfeld wie Pilze aus dem Boden schossen und ich meinem Lebenswunsch quasi täglich begegnete. Jetzt habe ich meinen Frieden damit gemacht, man wächst auch in eine Kinderlosigkeit hinein. Heute habe ich ein sechsjähriges Nachbarskind, das mehrmals die Woche bei uns sein darf.

Worauf sind Sie stolz?

Ich bin stolz, dass ich mich mit meinen Geschwistern regelmäßig austausche – trotz aller Verschiedenheit.

Ich bin stolz, dass ich so viele langjährige Freundschaften pflege.

Ich bin stolz, dass ich von meinem Beruf immer noch leben kann.

Ich bin stolz, dass ich nebenbei eine dreijährige Ausbildung zur Yogalehrerin gemacht habe.

Ich bin stolz, dass ich gerade das zweite Buch über das Leben meiner Mutter fertig habe.

Was war die größte Wendung in Ihrem Leben?

Mein erster Job, meine Selbstständigkeit als Grafik-Designerin, meine Begegnung mit meinem Mann, meine Begegnung mit Yoga.

Meine Reisen nach New York in den Neunzigerjahren hätte eine große Wende sein können – ich war kurz davor, dort zu bleiben.

Was hat Sie rückblickend am meisten erschüttert?

Der frühe Tod meines Vaters, da war ich dreiundzwanzig und startete gerade ins Berufsleben. Es hätte noch so viele Gespräche mit ihm geben können, das merkte ich, je älter ich wurde. Und meine Kinderlosigkeit – das ist kein Moment der Erschütterung gewesen, sondern Jahre des langsamen Erkennens, dass ein Lebenstraum platzt.

Wie wichtig sind Ihnen Liebe und Sex in dieser Lebensphase?

Sex ist immer noch wichtig. Nicht mehr so essentiell wie früher, aber ich möchte ihn nicht missen. Der Alltag gibt nicht immer genug Raum dafür, ich wünsche mir mehr Zeit dafür. Mehr Abwechslung wäre auch mal nett ☺

Was haben Sie sich für die nächsten Jahre vorgenommen?

Gesund bleiben.

Viele Glücksmomente finden und auskosten.

Immer alles ansprechen, was mich beschäftigt.

Mehr aufs Land, mehr reisen.

Mehr Geduld und Gelassenheit.

Weniger Sorgen machen.

Beschreiben Sie Ihren Herzenswunsch?

Ein herrliches Haus/eine Hütte in den Bergen, es dort schön einzurichten, dort viel Zeit zu verbringen, allein, mit Partner, mit Freunden, mit der Familie.

Alle drei Monate verreisen.

Was ist Ihre wichtigste Erkenntnis in dieser Lebensphase?

Immer klar und offen sagen, was wichtig ist, aber bei sich bleiben.

Genug Zeit für sich selbst einräumen.

Nicht mehr auf allen Hochzeiten tanzen.

Jeder ist anders – was mir wichtig ist, muss dem anderen noch lange nicht wichtig sein.

Keine Zeit mit energiefressenden Menschen verbringen.

Carpe diem.

Was tut Ihnen heute gut?

Yoga üben und lehren.

Zeit mit guten Freunden und ehrlichen Gesprächen.

Natur, Berge, Wald.

Stille, nicht reden.

Mein Zuhause, meine Nachbarn.

Gutes Essen.

Badewanne, Massage.

Was beflügelt Sie?

Wenn Schüler sagen: »Deine Yogastunde war heute toll für mich!«

Guter Sex.

Im Sommer am Sonntagmorgen durch München radeln.

Auf die Berge schauen.

VON BEZIEHUNGEN, VOM SINGLESEIN UND LEBENSLANGEN FREUNDSCHAFTEN

»Die Liebe zwischen zwei Menschen
lebt von den schönen Augenblicken.
Aber sie wächst durch
die schwierigen Zeiten, die beide
gemeinsam bewältigen.«

– Unbekannt

Gefühle kennen kein Lebensalter, sie begleiten uns in großen Wogen, treiben uns durch Turbulenzen, fordern uns mit ihrer Wucht und ihrer Widersprüchlichkeit; sie schieben und bewegen uns durch alle Jahrzehnte. Gefühle lassen uns schweben, uns über uns hinauswachsen, aber auch verzweifeln und hadern. Der Mensch ist ohne Gefühle kaum vorstellbar.

Wenn Sie uns nach dem Sinn des Lebens fragen – wir würden sagen: Der Sinn dieses ganzen Tanzes ist es, sich mit Menschen zu verbinden – zu schauen, zu erleben, zu fühlen, welcher Zauber darin liegt, welche Herrlichkeit und welche Widrigkeiten. Das ist es doch, was uns durchs Leben trägt; was uns am Ende glücklich macht, oder? Wir jedenfalls schauen so auf Beziehungen und Freundschaften. Vielleicht ist der Fokus auf das In-Beziehung-sein auch ein wesentlich weiblicher Zug.

So kraftvoll Verbindungen zu anderen Menschen sein können, so kompliziert sind sie zuweilen. Wer könnte nicht ein Lied davon singen?

Wer die Fünfzig hinter sich gelassen hat, hat meist auch mehrere Partnerschaften gehabt, vielleicht sogar Ehen hinter sich gebracht. Sind wir mit unseren Blessuren nun schlauer geworden? Souveräner? Großmütiger in unserer Art, wie wir auf Beziehungen blicken und uns in ihnen bewegen? Welche Lektionen haben wir gelernt?

»Nirgendwo gedeiht
Großmut besser
als im Sonnenschein des
Gelingens.«

— Jurek Becker

Barbara

Mit dem Vater meiner Kinder war ich zwölf Jahre zusammen. Als alles begann, war ich neunundzwanzig. Es war wohl seine innere Ruhe, seine Ausgeglichenheit, die mich so anzog. Etwas, das ich damals in mir nicht finden konnte. Ich war ein paar Jahre zuvor von Frankfurt nach München gezogen und hatte einen eher turbulenten, unsteten Lebenswandel, der mich zu jener Zeit aber nicht besonders glücklich machte.

Wie die allermeisten habe ich wunderbare Hochphasen in der Partnerschaft erlebt, genau wie irgendwann hoffnungslose Zeiten. Wenn Liebe beginnt, ist sie groß und schön. Aber oft scheitern Beziehungen erstaunlicherweise an dem, was uns anfangs am meisten anzog. Ich sah in unserer Verbindung irgendwann keine Bewegung mehr, keinerlei Bereitschaft, sich weiterzuentwickeln. Stillstand und Sturheit machen mürbe und entzweien irgendwann.

Ich habe damals lange versucht, die Dinge auszuhalten, aber die steten Kompromisse, das Runterschlucken meiner Bedürfnisse – das ging irgendwann eben nicht mehr.

Ich habe mich selbst nicht mehr gesehen. Und schließlich hat mich auch die Schwere der Verantwortung, mit meiner Entscheidung eine Familie auseinanderzubringen, nicht mehr abgehalten. Ich gab ja nicht leichtfertig auf. Ich hatte vielmehr alles versucht. Ich wollte endlich wieder mein Leben leben. Ehrlich und offen, beschwingt und bewegt, fröhlich und voller Pläne. Ich wollte mich nicht mehr klein halten, nur damit es irgendwie weiterging. Die Kinder waren noch winzig. Mir fiel es schwer, diesen Sprung zu wagen. Gewissensbisse, Schuldgefühle, ein langes Taumeln zwischen den Polen, zwischen Verantwortungsgefühl, dem Bedürfnis nach Aufrichtigkeit, dem Wechsel der Leidensgrade und dieser Sehnsucht nach Flucht aus dem Unglück. Das hat mich damals alles umgetrieben. Aber ich finde, jeder darf sich entlieben und umdrehen, neu beginnen.

Manche leben an der Schwelle zum Abgrund ja auch wieder aufeinander zu. Da gibt es dann Einsichten; Erkenntnisse. Aber manchmal gibt es eben nur noch diesen einen Weg. So wie ich ihn ging.

Zu allem Überfluss überraschte mich mein Gynäkologe damals mit schlechten Nachrichten. Ein bösartiger Tumor in der Brust. Operation, Ungewissheit, Angst und sechs Wochen Bestrahlung folgten. Aber auch die unerschütterliche Erkenntnis: Jetzt erst recht. Da war ich einundvierzig und meine Kinder noch ziemlich klein.

*»Um klar zu sehen,
reicht oft ein Wechsel der
Blickrichtung.«*

— Antoine de Saint-Exupéry

Es war natürlich ein Kraftakt, aus einer vermeintlichen Sicherheit auszubrechen, mit all der Verantwortung für drei kleine Leben. Immer das Wohl der Kinder im Blick zu haben; sich in ganz schwierigen Phasen der Trennung voller Groll und Wut und Schuldzuweisungen trotzdem zurückzunehmen, weil ich mir fest vorgenommen hatte, die Kinder immer vor alles andere zu stellen. Ja, das war ein echter Kraftakt, eine komplizierte Übung in Zugeständnissen – auch wenn sie manchmal noch so absurd erschienen – und im Bezwingen der eigenen Impulse.

Das große Ganze im Blick zu behalten ist ja nicht immer einfach, wenn Verletzungen und Zorn im Spiel sind.

Aber irgendwie habe ich das geschafft, ohne größere Blessuren, eher mit Stolz auf einen ehrlichen Neuanfang, der in unserer Wohnung wieder sämtliche Schleusen für Glück, für Unbeschwertheit, für fröhliche, lange Abende an unserem Küchentisch öffnete.

In meiner Wahrnehmung ist das alles Gott sei Dank schon ewig her. Seither sind Welten vergangen und etliche dieser stillen oder lauten Übergänge, durch die wir gleiten, liegen hinter mir.

Jetzt, in den Fünfzigern, fühlt sich Beziehung für uns irgendwie anders an. Weiter. Großzügiger. Wir versuchen, auf das Starke und Gute in anderen zu schauen; auf das große Ganze, das uns ausmacht. Natürlich schleppen wir alle unsere Muster mit uns herum, die Brüche unserer Biografie, die Wunden aus viel gelebtem Leben.

Aber vielleicht sind Großmut, Toleranz und Treue die Stärken dieses Lebensabschnitts? Auf der anderen Seite haben wir mit den Jahren aber auch eine gewisse Schärfe, vielleicht sogar Kompromisslosigkeit in manchen Dingen entwickelt, die wir nicht mehr ändern möchten?

Zwischen fünfzig und sechzig verändert sich der Blick auf so vieles. Unser Herz ist weit und übervoll. Und unser Blick auf die Welt und die Vorstellung, wie wir uns darin sehen, ziemlich klar. Vermutlich klarer denn je. Wir wissen, wer wir sind und was uns ausmacht, und versuchen, selbstbewusst und offen durch die Jahre zu gehen. Menschen, die uns umgeben, inspirieren und beflügeln uns. Das ist ein Geschenk.

Seit sieben Jahren bin ich wieder in einer festen Beziehung. Mit einer Frau. Wir waren uns zuvor schon mal begegnet. Später, als wir uns wiedertrafen, wurde die Anziehung immer größer und immer intensiver. Es passierte einfach. Und ich fand es wunderbar.

Ob es anders ist mit einer Frau? Ich glaube nicht. Menschen finden einander, fühlen sich angezogen und verbinden sich. Oder eben nicht.

Aber natürlich musste ich mein Umfeld einweihen, die Kinder, Familie, Freunde. Das war ein Prozess, nicht immer nur leicht, aber völlig alternativlos. Diese Beziehung war eine klare Entscheidung.

Ich habe nun das Glück, jemanden an meiner Seite zu haben, der mich fordert und beflügelt; reizt und beruhigt; liebt und befeuert und manchmal auch nervt.

Wir haben in vielem den gleichen Blick auf das Leben, auf andere Menschen, darauf, wie man sein Leben gestaltet. Da gibt es Seelenverwandtschaft, genau wie überraschende und manchmal fremde Seiten.

Uns geht niemals der Stoff aus. Das alles finde ich herrlich.

Dabei könnten unsere beiden Lebensentwürfe unterschiedlicher nicht sein. Sie – ohne Kinder – steckte in den letzten zwanzig Jahren in einem völlig anderen Leben als ich. Das birgt Sprengstoff, genauso wie es bereichernd ist.

Ich kam mit diesem ganzen Familienpaket. Und sie ohne. Das sind völlig andere Welten, Hintergründe, Geschwindigkeiten, Verantwortlichkeiten, Pflichten, Sichtweisen. Es war und ist nicht immer einfach, es so auszutarieren, dass es für uns beide stimmig ist. Jede von uns hat ihre Argumente und Kämpfe und Verletzungen. Es ist ein Lernprozess. Für sie. Und für mich.

Aber je länger es uns gibt, desto mehr glaube ich, dass wir nicht jeden Konfliktpunkt lösen müssen. Es könnte doch auch ein Vorteil zunehmenden Alters sein, Empfindlichkeiten, wunde Seiten im anderen anzunehmen, damit zu leben und sie vielmehr als eine Art gemeinsames Schicksal anzuerkennen. Das jedenfalls versuche ich heute mehr denn je.

Irgendwie glaube ich nicht mehr daran, dass man den anderen ändern, geschweige denn verbiegen kann. Vor allem auch, um das Schöne und Gute nicht aus den Augen zu verlieren.

Ja, natürlich bin ich auch heute noch zu Kompromissen bereit, aber wohl nicht mehr so ausartend wie früher. Es gibt Grenzen für mich.

Ich fühle mich heute freier; ich vergebe mir nichts, wenn ich großmütig bin; ich lerne gerne hinzu, lasse mich anregen. Aber ich beuge mich auch nicht mehr jeder Erwartung. Ich möchte nicht mehr im Kleinen herumstochern, wenn das Große doch stimmig und schön für mich ist.

Heute denke ich: Alles hat zwei Seiten. Und ich sehe mehr und mehr, dass in jeder Veranlagung des anderen auch immer etwas Positives steckt. Was mir wichtig ist, muss für mein Gegenüber überhaupt nicht wichtig sein. Ich finde, Liebe sollte das Leben nun wirklich nicht schwerer machen.

»Ein langer Streit beweist, dass beide Seiten Unrecht haben.«

— Voltaire

Christiane

Dass ich noch einmal heiraten würde, hätte ich bis vor vier Jahren nie und nimmer gedacht. Noch einmal den Bund fürs Leben schließen? Nochmal so ein Wagnis? Was für eine absurde Idee, da ich doch erfahren habe, dass Ehen enden können. Obwohl sich alles richtig angefühlt hatte, waren am Schluss nur Streit, Schmerz und ein Gefühl des Scheiterns übrig geblieben.

Trotzdem – die Hoffnung auf ein gemeinsames Leben an der Seite eines Partners, der zu mir steht, der mit mir den Weg gehen will, hat mich angetrieben, mir den Mut gegeben, noch einmal Ja zu sagen. Es war der Wille, es gemeinsam zu versuchen, und die Gewissheit, dass mein Mann und ich als Team mehr sind als wir beide alleine; das wir uns ergänzen und sich dadurch ganz neue Welten öffnen. Wir waren und sind bis heute beide bereit, uns anzustrengen und füreinander einzustehen.

Das Risiko, noch einmal zu viel Gefühl zu investieren; es vielleicht doch nicht das ganze restliche Leben Seite an Seite miteinander zu schaffen – dieses Risiko bleibt. Die Angst vor einem erneuten Scheitern kann ich mir nicht von der Seele nehmen.

Doch was ist heute anders? Heute weiß ich, es gilt die Liebe zu hüten, zu pflegen, sie wertzuschätzen und nicht als selbstverständlich zu nehmen. Das zu übersehen – diesen Fehler möchte ich nie wieder machen.

Als meine Beziehung nach zwölf Jahren am Boden war, hat mich wohl am meisten erschüttert, keine Warnzeichen gesehen zu haben. Als die Trümmer unserer Ehe längst vor uns lagen, fiel ich wie aus heiterem Himmel in eine Art Schockzustand.

Ja, wir hatten nicht mehr so viel miteinander gesprochen, es gab immer wieder Diskussionen, Streit. Und ja, auch das Sexleben lag nahezu brach. Aber ich hatte das auf den Job, den Stress, die fehlende Zeit füreinander geschoben; es als schlechte Phase gesehen. Schließlich hatten wir ja zwei kleine Kinder, waren beide voll berufstätig und sausten strikt getaktet durch den Alltag.

Doch dann plötzlich nahm mich meine Freundin zur Seite und erzählte von einer anderen Frau. Einer Frau, die regelmäßig am Ausgang der Kinderkrippe auf meinen Mann wartete und stets mit ihm gemeinsam davonfuhr. »Was für ein schlechter Film«, dachte ich damals. »Was für ein abwegiger Gedanke.« Ich war fassungslos, als der Vater meiner Kinder mir in der ersten, eilig von mir eingeforderten Ehetherapiestunde eröffnete, er habe schon längst eine andere Frau und werde demnächst eine neue Familie gründen. Meine Blindheit, ja Naivität, und seine Gnadenlosigkeit, mich vor vollendete Tatsachen zu stellen, ohne Chance auf einen Neuanfang, haben mich damals entsetzt. Es ist eine Narbe zurückgeblieben, die bis heute spürbar ist.

Ich habe lange gebraucht, mich innerlich frei zu machen, dieses traditionelle, von mir doch so sehr angestrebte Familienglück der Kernfamilie loszulassen.

Nicht zu verzweifeln, weiter frohen Mutes in die Zukunft zu schauen, war für mich eine quälende, schwierige Aufgabe. Meine Kinder an jedem zweiten Wochenende zu einer fremden Frau zu geben, in ein anderes vermeintliches Familienglück – der blanke Horror. Es waren doch meine Kinder! Das war doch einmal meine Ehe!

Zum Glück ist das alles nun lange vorbei. Und trotzdem wirft es einen Schatten auf das Heute.

Eigentlich hatte ich genug von Ehen, Beziehungen und Versprechungen. Das war einfach zu gefährlich, schien mir. Stattdessen habe ich mich auf meine Eltern, Geschwister, meine Freunde besonnen. Für diese Stütze, dieses wärmende Netz der Liebe war und bin ich unendlich dankbar.

Blindes Vertrauen in die Liebe habe ich heute nicht mehr. Die Liebe zu meinem heutigen Mann kam auch nicht einfach angeflogen. Ich war nicht verliebt auf den ersten Blick, eher verunsichert, zögerlich. Ich habe gehofft. Wir haben es versucht. Gemeinsam. Wir haben das Abenteuer gewagt und ganz langsam die zarte, aufkeimende Liebe zugelassen.

Das erste richtige Liebesgeständnis aus vollem Herzen gab es erst nach ein paar Jahren. Die Botschaft hinauszugehen in die Welt, noch einmal zu heiraten – die haben wir dann erst vor vier Jahren für uns verkündet.

Damals dachte ich eigentlich, dieser Schritt sei gar nicht nötig. Aber dieser förmliche Akt hat uns dann tatsächlich weiter und tiefer in unserer Beziehung verankert. Und das, obwohl diese Ehe jetzt einen doppelten Boden hat. Wir haben nämlich einen Ehevertrag geschlossen, alle Eventualitäten durchgesprochen und Konsequenzen festgelegt. Ehrlich gesagt war dieser Notarbesuch beklemmend und fühlte sich für mich sehr unromantisch an. Dieses etwas schale Gefühl ist bis heute unterschwellig da, auch wenn mein Verstand sagt, dass dieser Vertrag richtig und fair ist.

Wir wollten auf Augenhöhe miteinander umgehen. Diesen Anspruch haben wir beide ganz bewusst formuliert. Zu rational? Oder ganz selbstverständlich? Dieses Wechselspiel aus Freiheit und Loslassen, daran arbeiten wir noch. Denn bei dieser zweiten Runde wissen wir ja: Wenn es hart auf hart käme, könnten wir unser Leben eben auch alleine leben.

Ich weiß, dass es geht ohne Mann, ohne Partner. Schließlich habe ich das Leben mit Kindern und einer Tagesmutter fünf Jahre lang alleine gemanagt, ohne Kompromisse mit einem Lebenspartner treffen zu müssen.

Mein jetziger Mann war wie ich der »Verlassene«. Der Schmerz und die Verbitterung darüber, mit dem Scheitern der Ehe auch seine Kinder ein Stück weit verloren zu haben, begleiten ihn latent auch heute weiter. Wenn ich daher ganz schnöde um mehr Freiraum bitte, befürchtet er sofort, ich wolle mich auf den Weg machen oder langsam abnabeln. Wir sind eben beide gebrannte Kinder.

»Gemeinsamkeiten machen eine Beziehung angenehm, interessant wird sie jedoch erst durch die kleinen Verschiedenheiten.«

— Konfuzius

Der Balanceakt bleibt schwierig. Manchmal ist es schlauer, milde zu sein, es auch mal gut sein zu lassen. Muss man denn alles ausfechten? Ist es so wichtig, Recht zu haben?

Tatsächlich ticken mein Mann und ich unterschiedlich. Er ist ruhig und besonnen. Ich dagegen wild und impulsiv. Dann geraten wir aneinander, und ich muss erst einen Schritt zurücktreten, um zu sehen, dass dies nichts Schlimmes oder Bedrohliches ist. Er sieht Manches einfach anders als ich. Umgekehrt gilt das genauso, und ich glaube, solange wir darüber reden, uns stetig austauschen, bereichert das unsere Beziehung.

Zugegebenermaßen ist das im Alltag nicht immer rosarot. Manchmal hätte ich gerne, dass er den Takt, den Rhythmus und die Schnelligkeit mit mir lebt.

Wie wollen wir das also in Zukunft halten? Noch arbeiten wir in unterschiedlichen Städten, aber wenn das vorbei ist – was dann? Die Strategie für uns lautet: laufen lassen; sehen, wohin uns das Leben treibt und was unsere Gefühle sagen. Dass wir irgendwann zusammenziehen wollen, steht fest. Aber morgen ist ja auch noch ein Tag.

»Die Freiheit des Menschen liegt nicht darin, dass er tun kann, was er will, sondern, dass er nicht tun muss, was er nicht will.«

— Jean-Jacques Rousseau

Eine gute Freundin und ihr Mann haben über fünfundzwanzig Jahre lang eine gute Beziehung geführt. Vorbildlich – so sah es auf den ersten und auch noch auf den zweiten Blick aus. Sie haben zwei wunderbare fast erwachsene Kinder, viele Gemeinsamkeiten, sind ein eingespieltes Team, verstehen sich blind. Der Sex war in den letzten Jahren nicht mehr so aufregend, aber eben noch nicht aus der Beziehung verschwunden. Und doch – kurz nach dem fünfzigsten Geburtstag haben sie sich getrennt. Die Kinder pendeln nun zwischen zwei Wohnungen. Die Familie wollen sie schützen, regelmäßige gemeinsame Essen und sogar Urlaube beibehalten. Aber die Liebesbeziehung ist den Eltern verloren gegangen. Auf einmal, so scheint es, ist die Toleranz aufgebraucht, die Schwächen des anderen wohlwollend zu sehen. Auf einmal nerven bekannte Denkmuster und Eigenarten. Von heute auf morgen verändert hat sich keiner der beiden. Ihre Leben, ihre Vorlieben entwickelten sich langsam, kaum spürbar in unterschiedliche Richtungen. Anfangs sprachen sie noch über ihre Probleme, dann aber zogen sie keine Konsequenzen, änderten ihr Verhalten nicht. Schließlich hat sie die Reißleine gezogen und sich eine eigene Wohnung genommen. Nicht um sich endgültig zu trennen, sondern um der Beziehung eine Chance zu geben.

Nun versuchen sie sich neu zu entdecken. Sie verabreden sich zum Essen, zu einer Wanderung oder ins Konzert – ohne Kinder. Und sie genießen es. Die Freundschaft, die Seelenverwandtschaft ist spürbar da, aber ob die Liebe zurückkommt? Wünschen würden es sich beide.

> »Große Veränderungen im Leben können eine zweite Chance sein.«
>
> — Harrison Ford

In jeder Lebenslage ist Angst wohl ein schlechter Ratgeber. Wir kennen etliche Paare, die nur deshalb beieinander bleiben, weil die Angst vor dem Alleinsein immens ist. In diesem Lebensalter, in dem wir auf so viel Geleistetes und Geschafftes, auf überstandene Krisen und durchwanderte Täler zurückblicken können, brauchen wir jedoch eigentlich keine Angst mehr zu haben. Keine Angst vor Brüchen; keine Angst vor Trennungen. Zumindest keine große. Denn Schwierigkeiten, sofern es sich nicht um unabwendbare Krankheiten handelt, sind für uns nicht mehr lebensbedrohlich. Wir kommen zurecht. Und das ist ein wirklich gutes Gefühl.

Lange ging die Wissenschaft davon aus, dass es Singles generell immer schlechter gehe als Menschen in Beziehungen. Singles seien einsam, trauriger, unglücklicher, sie lebten gar kürzer. Aber heute zeigt sich, das stimmt nicht mehr, vor allem, wenn man auf die älteren Singles schaut. Mittlerweile zeigen Studien, dass Singles genauso zufrieden mit ihrem Leben sind wie Liierte. Und das Spannende ist: Dies gilt umso mehr, je älter sie werden. Und es trifft vor allem auf Frauen zu.

Wo ist denn der Mythos der vollendeten Partnerschaft auch in der Realität anzutreffen? Die vollkommene Liebe, die alle Wünsche erfüllt? Ist ein selbstbestimmtes Singledasein einer problembehafteten Beziehung nicht vorzuziehen? Warum so ängstlich? Längst nicht mehr für alle ist eine Beziehung unbedingt erstrebenswert. In unserem Alter schon gar nicht.

Eine Freundin von uns hatte zwei Ehen und die Wechseljahre hinter sich, war mit sechsundfünfzig die Ruhe selbst geworden. Sie wollte keinen Mann mehr. Sie hatte sich stattdessen ein wärmendes, verlässliches soziales Netzwerk aufgebaut. Sie fuhr mit Freunden in Urlaub, besuchte Theater und Kino, folgte ihren Sehnsüchten im Alltag und der Freizeit. Natürlich gab es auch einsame Momente; Augenblicke, in denen sie sich einen Menschen an ihrer Seite wünschte. Aber die Lust an der Freiheit und das für sie beglückende Gefühl, sich ohne Zwänge und Kompromisse weiterentwickeln zu können, verlieh ihr eine tiefe Zufriedenheit. Und so manche schaute gelegentlich fast neidvoll auf ihre vielen Unternehmungen und ihre freie Entscheidungsgewalt.

Sie hat inzwischen übrigens ihren Job gekündigt und ist nach Spanien ausgewandert. Dort hat sie eine kleine Pension eröffnet. Und, wie das Leben so spielt, ist sie dort auf die Liebe ihres Lebens gestoßen.

»Nur die Leute sind und tun was, die allein stehen.«

— Wilhelm Raabe

Sich im Singlesein zufrieden zu fühlen, setzt wohl eine gewachsene, starke Persönlichkeit voraus. Unsere Freundin hatte sie. Andere grämen sich mit vergangenen Lieben und sehnen sich nach einer Partnerschaft, die wieder gemeinsame Pläne verheißt; die sie trägt und dennoch für jeden genug Platz lässt.

So wie eine unserer Bekannten. Sie lebt allein, seit fast zehn Jahren. Es hat sich einfach so ergeben, sagt sie. Zuerst sah sie sich noch um, ging viel aus, studierte Kontaktanzeigen und probierte Partnerschaftsbörsen aus. Immer wieder einmal traf sie Männer, war offen und bereit für einen Versuch. Aber dann wurde es ihr zu anstrengend und zu frustrierend, nach einem Partner zu suchen. So schlimm sei das Alleinsein auch nicht, sagt sie. Die traurigen Momente, in denen jemand fehlt, der mitlacht, mitgenießt oder mitreißt und spontan motiviert – die gehen schnell vorüber. Zu schaffen macht ihr eher das Brachliegen ihrer Weiblichkeit. Begehrliche Blicke, Flirten – da ist sie aus der Übung, sie fühlt sich unsicher. Dann fehlt sie ihr doch, die Liebe. Das Knistern, der Sex.

So gibt es eben auch Menschen über fünfzig, die ihr Singledasein verfluchen. Eine Bekannte verzweifelt geradezu an ihrer Einsamkeit. Ja, auch sie ist vernetzt, fühlt sich wohl im Job und pflegt gute Freundschaften. Aber – wenn sie abends alleine in ihrer Wohnung sitzt, zieht sich alles zusammen. Warum? Weil sie ihr Alleinsein eben trostlos findet. Ohne Hoffnung. Ohne Horizont. Sie sieht ihn nicht. Nicht ohne einen Menschen an ihrer Seite. Dieser Bekannten können wir viel über Studien erzählen, die von der Lust an der Freiheit erzählen; von der Selbstbestimmung des Singledaseins; sie würde mit den Schultern zucken und sagen: »Auf mich trifft das eben nicht zu. Ich möchte einen Menschen an meiner Seite. Jetzt mehr denn je.«

»Wahre Freunde sind eine sichere Zuflucht.«

– Aristoteles

Dennoch: Wenn es nicht den Einen gibt, dann gibt es Geborgenheit auch anderswo. Freundschaften, die über Jahre gewachsen sind, überdauern so manche Ehe und Beziehung. Das Band der Freundschaft engt nicht ein und ist dennoch belastbar. Freunde sind häufig toleranter, verständnisvoller und reflektierter als Partner.

Christiane

Ohne meine Freunde wäre ich schon so manches Mal verzweifelt. Und mit wem sonst hätte ich so herrlich gelacht, gefeiert oder auch geweint. Wo wäre ich ohne all die Unterhaltungen, nächtelang am Küchentisch oder auf dem Wohnzimmerteppich, mit Rosé und früher auch der ein oder anderen Zigarette am Fenster. Mit dieser Ausdauer und Leidenschaft habe ich Gespräche nur mit guten Freunden geführt.

Und doch – die eine, die beste Freundin hatte ich nie, diese Eine, der man alles erzählt, mit der man fast alles gemeinsam macht. Aber Vertraute, Verbündete gab es einige, die gibt es bis heute. Sie haben mich durch gute und durch schwierige Zeiten begleitet. Sie sind der Anker, an dem ich mich festhalten darf, wenn nicht alles nach Plan läuft und das Meer stürmisch ist. Und für sie wiederum bin auch ich Stütze und Halt, wenn es darauf ankommt.

Ich habe ein Netzwerk an Menschen, die mir etwas bedeuten. Mit manchen bin ich enger verbunden, intimer, vertrauter, mit anderen berede ich nur Teile meines Lebens. Die Anknüpfungspunkte, die Themen sind unterschiedlich. Ganz nach dem Motto: Jeder kann etwas anderes gut. Darum hat jede einzelne der Beziehungen ihren eigenen Charakter; ich genieße diese Vielfalt, diesen Reichtum an Inspiration und neuen Gedanken.

Heute setze ich in Sachen Freundschaft andere Prioritäten als früher. Beziehungen, die mich zu viel Kraft kosten, bei denen ich das Gefühl habe, stets zu geben, ohne auch etwas zurückzubekommen, lasse ich schleifen. Wenn Freundschaften aus der Balance geraten, wenn sich das Gefühl, ausgesaugt zu werden, einschleicht, dann ist es Zeit, sich auch von alten Freundschaften zu trennen – das habe ich für mich beschlossen.

»Ältere Bekanntschaften und Freundschaften haben neuen hauptsächlich das voraus, dass man sich einander schon viel verziehen hat.«

– Johann Wolfgang von Goethe

Barbara

Mein Freundeskreis ist ziemlich überschaubar. Aber die wenigen Menschen, die mir sehr nahe sind, sind lebenswichtig für mich. Sie sind nachsichtig, tolerant. Ja, auch fehlbar. Meine engsten Freunde und ich haben – so ist jedenfalls mein Gefühl – einen Pakt fürs Leben geschlossen. Nicht, dass Liebesbeziehungen nicht auch ein Leben lang halten könnten. Aber manches gestaltet sich in Partnerschaften zuweilen eben schwieriger, komplizierter und ziemlich oft – missverständlicher. In freundschaftlichen Lieben werden Verfehlungen in der Regel nicht als Attacke gelesen. Es gibt mehr Nachsicht und weniger Nachtragendes. Vermeintliches Fehlverhalten verspielt sich, ist nicht so wichtig. In dieser Hinsicht haben Freundschaften Liebesbeziehungen gegenüber sogar etwas voraus. Ich bin nicht ganz sicher, woran das eigentlich liegt.

Ein paar meiner Freundinnen begleiten mich schon seit über drei Jahrzehnten. Es sind Lebensmenschen, die mir ins Herz blicken können. Geheimnisse sind schnell enttarnt. Meine genauso wie ihre.

Es gab immer wieder Phasen, in denen enge Freunde und ich den Abstand vergrößern mussten. Denn auch Freundschaften können in Krisen geraten. Auch unter Freunden gibt es Eifersucht, Verlustängste, enttäuschte Erwartungen. Denn schließlich gibt es neben den Freunden immer auch Beziehungen, Kinder, die Anforderungen des Berufs. Das sind oft unterschiedliche Welten, die nicht immer zusammen passen. Jedenfalls habe ich das mit engen Freundschaften schon so erlebt.

»Manchmal muss man die Weite zwischen sich lieben.«

— Rainer Maria Rilke

Für manche Freundschaften muss man aber auch kämpfen. Da ist es nicht damit getan, sich eine Zeitlang in Ruhe zu lassen. Um ein Haar hätte ich eine sehr enge Freundin verloren. Unsere Bedürfnisse und Lebenspläne drifteten in unterschiedliche Richtungen. Wir hatten eine ganze Weile nicht genug Kraft, aufeinander zuzusteuern. Aber irgendwann war diese Freundschaft für uns größer als der Disput. Wir haben uns wieder gefunden. Ein wenig anders, distanzierter. Aber wir sind wieder an Bord.

Christiane

Ähnlich ging es mir mit einer engen Freundin. Für sie schien unsere Verbindung allein auf gegenseitiger Unterstützung und positiver Bestärkung zu fußen. Kritik empfand sie als persönlichen Affront. Und machte dann alle Schotten dicht. Ich wiederum denke: Freundschaft braucht doch Ehrlichkeit und Mut, die Dinge auch mal anders sehen zu dürfen und dies auch zu sagen. Schlussendlich haben wir uns nach einer Auszeit wieder langsam angenähert. Auch wir sind vorsichtiger geworden, und ich muss akzeptieren, dass jede Freundschaft ihre eigenen Spielregeln hat.

»Das erste Gesetz der Freundschaft lautet, dass sie gepflegt werden muss. Das zweite lautet: Sei nachsichtig, wenn das erste verletzt wird.«

– Voltaire

Aber auch das kommt in dieser Lebensphase häufig vor: Auf einmal tauchen wie aus dem Nichts alte, ehemals mehr oder wenige enge Freunde auf. Sei es das Jubiläumsklassentreffen oder der Uni-Ehemaligenempfang oder eine Einladung zum runden Geburtstag. Und dann ist auf einmal alles wieder da: die Nächte am Lagerfeuer, die heimlichen Partys im verwüsteten Wohnzimmer der Eltern; der Mofapark im Vorgarten; die Exzesse auf der hinteren Terrasse; Goldfische, die aus dem Gartenteich in die Erdbeer-Bowle bugsiert wurden; der Semesterball mit den schönsten Typen der Uni, all der Herzschmerz, die philosophischen Gespräche, die Demos, die Konzerte und ach – all die anderen Anekdoten und Geschichten aus der Jugend. Plötzlich sind sie wieder präsent und bieten Stoff für lange Gespräche.

Vielleicht besinnt man sich so auf seine Wurzeln, beschwört noch einmal das Lebensgefühl von damals herauf, als noch alles vor einem lag und jeder noch alles werden konnte. Schließlich gibt es da eine gemeinsame Geschichte, die jetzt eine neue Wertschätzung erfährt – hat sie uns doch geprägt und begleitet uns durchs ganze Leben, ist Bestandteil unserer Identität.

Menschen, die uns einmal nah waren, bleiben uns vertraut. Die Gesten, das Lachen, der Tonfall – unverändert. Egal, welche Macke, welche Eigenart er oder sie hatte.

Natürlich haben sich alle auch verändert, aber der Kern ist geblieben. Egal, wie alt wir heute sind. Diese altbekannte Wärme, die Nähe – das bleibt.

Auch beim Schreiben dieses Buches hat es uns überrascht, mit welcher Offenheit und Selbstverständlichkeit jede dieser alten Freundinnen uns in ihr Leben hat blicken lassen. Offenbar reicht der Vertrauensvorschuss von früher bis heute. Die Anker, die bis heute existieren. Wie wertvoll ist das! Also irgendetwas hat es auf sich mit diesen alten Banden. Wie erfrischend und wohltuend für die Seele! Solche Freundschaften bereichern das Leben. Ein kleines, entscheidendes Stück. Sie gehören zu dem Netzwerk, das uns im Jetzt lebendig hält.

Und die Familie? Die Eltern, Geschwister? Wie wichtig sind diese Beziehungen in dieser Lebensphase? Sind das Säulen, die uns stützen? Toll, wenn Familien noch zusammenhalten, aber das ist nicht selbstverständlich. In der Regel lebt jeder sein eigenes Leben, gemeinsame Aktivitäten muss man wollen und planen.

Im Gegensatz zu früher hat die Familie heute nicht mehr unbedingt den ersten Stellenwert. Manche unserer Bekannten haben sich mit den Geschwistern verstritten, nicht wenige nach dem Tod der Eltern. Viele leben weitverstreut, sehen sich nur noch an Festtagen und auch dann nur, weil es so üblich ist. Schön ist das nicht.

Als wir Kinder waren, war jeder in dem Beziehungsgeflecht der Familie verwoben, hatte einen Platz, ob einem das gefiel oder nicht. Ausbrechen ging – wenn überhaupt – erst mit dem 18. Geburtstag. Und auch dann ist kaum jemand weit weg, aus dem Dunstkreis der Verwandtschaft gezogen. Langsam aber sicher hat sich das dann verändert – diese Verbindlichkeiten sind aufgeweicht oder vielleicht auch ganz verschwunden. Abstand halten ist heutzutage nicht nur emotional, sondern auch räumlich leicht.

Mit der Familie sei es ein wenig wie mit einem Konto, hat mir kürzlich eine Freundin ihre Sicht der Dinge erklärt. Sie sei ein Konto, mit einer Art Guthaben an Vertrauen, Sicherheit und Liebe. Die Höhe der Verzinsung läge bei jedem Einzelnen – wer nicht regelmäßig weiter investiere, sich keine Mühe gebe, diese Beziehung zu pflegen und ihr Zeit zu schenken, der zehre solange an dem Guthaben, bis es irgendwann verbraucht sei. Dann sei der Begriff Familie nur noch eine Hülse, ohne Stabilität und Schutz. Sie glaubt, dass Familie heute nur eine Chance hat, wenn die Beziehungen wie eine Freundschaft gepflegt werden.

Früher haben die Eltern und die Großeltern die Familie zusammengehalten, heute fehlt, je älter wir werden, dieser Mittelpunkt. Sind die Eltern gestorben, sterben vielleicht auch Rituale aus, regelmäßige, gemeinsame Treffen wie zu Weihnachten oder an Geburtstagen fallen weg. Wenn sich keine neuen Muster entwickeln, keiner das Ruder in die Hand nimmt, dann ist die Gefahr groß, dass die Familie zerfällt und auch die Geschwister sich voneinander entfernen.

In diesem Jahrzehnt braucht es wohl mehr Beherztheit und Engagement, um den Geschwisterverbund nicht zu verlieren. Wie viele bleiben nach dem Tod der Eltern zerstritten oder ratlos zurück. Wie viele scheitern an der Hürde, neue Rituale zu schaffen, weil sie die Zeit nicht aufbringen wollen.

Sind wir nun diejenigen, die die Familie zusammenhalten sollten? Oder ist das nicht mehr so wichtig? Zählen Freunde mehr als Familie? Vielleicht ist es so.

Interview

– INGO OSTGATHE –

Paartherapeut

Was zeichnet eine gute Partnerschaft aus?

Ich glaube, dass eine Partnerschaft dann fruchtbar ist, wenn sie beiden Teilen Energie spendet und Freude gibt. Ideal ist, wenn beide durch die Partnerschaft wachsen, sich »erfüllen« können, und zwar in einer Form, die dem individuellen Wesenskern bzw. der eigenen Lebensabsicht entspricht. Aus meiner Sicht und meiner Praxis erkenne ich da zwei Strömungen, die den Menschen Probleme machen: Viele haben ein Bild im Kopf, wie eine Partnerschaft, wie das eigene Leben aussehen soll. Dieses Bild wird meistens von den Eltern, von Vorbildern und schon aus der Kindheit geprägt. Das kann unter Umständen dazu führen, dass man Partnerschaften lebt, die gar nicht authentisch sind, vielleicht gar nicht zu einem passen. Häufig sind das Partnerschaften, bei denen es um das Thema Sicherheit geht.

Die Idee dahinter ist, wenn ich keinen Partner habe, dann fehlt mir möglicherweise etwas, dann »bin ich nur halb« – also nehme ich lieber eine schlechte als gar keine Partnerschaft.

Die andere Idee, mit der viele zu mir kommen, ist, dass sie glauben, erst durch eine Partnerschaft das Leben zu führen, das sie als lebenswert empfinden. Das bedeutet, sie fühlen sich nur in Verbindung mit dem Partner komplett. Wenn also das »Ich« und das »Du« zusammen sind. Das führt im Umkehrschluss natürlich dazu, dass wenn ein Partner fehlt, das eigene Leben nicht mehr »richtig« oder »rund« ist, sondern eben nur noch maximal »halb« gut.

Das ist auch ein Grund, warum Trennungen oft so tragisch sind. Denn es entstehen ja viele Verwicklungen durch dieses Bild. Es wird eine Abhängigkeit vom anderen aufgebaut, nach der Idee: »Ich liebe dich und ich brauche dich«.

Ganz anders ist doch dieses Selbstverständnis: »So, wie ich mein Leben führe, ist es »rund« bzw. »voll« – auch ohne den anderen. Ich lebe für mich erfüllt. Ich alleine bin dafür verantwortlich, dass ich glücklich bin. Kein anderer Mensch ist dafür zuständig. Denn: Ich trage eine Selbstliebe in mir. Ich mag mich so, wie ich bin, dafür brauche ich keine externe Quelle, dieses Gefühl fließt per se schon durch mich.

Das bedeutet dann auch für eine Partnerschaft etwas ganz anderes: Man lässt den anderen am jeweils eigenen Leben teilhaben, und durch diese Schnittmenge entsteht ein Mehrwert und Glück. Man erlebt und erfährt gemeinsam etwas, was man ohne den anderen nicht hat.

Was leiten Sie nun beim Thema Liebe daraus ab?

Es geht darum, den anderen auch ein Stück weit freizulassen! Also ist es ein Ziel, durch eine Partnerschaft mehr Freiheit zu gewinnen.

In der Realität ist es aber häufig so, dass wir aufgrund unserer Erziehung und der gesellschaftlichen Prägung stark auf Sicherheit gepolt sind und daher sagen: »Ich brauche den anderen. Nur so fühle ich mich sicher.« Jetzt möchte ich in einer Partnerschaft aber eigentlich Abenteuer, Sexualität erleben, ich möchte, dass sie ein Freudenfest ist – und nicht grau und traurig. Da stoßen nun zwei Bedürfnisse aufeinander: Der enorme Wunsch nach Sicherheit auf der einen Seite und der Wunsch nach Lebendigkeit, nach Veränderung auf der anderen. Das passt in den meisten Fällen einfach nicht zusammen.

Überspitzt kann ich da zum Beispiel beim Thema Eifersucht formulieren: Derjenige leidet unter Eifersucht, der nicht mit und in sich erfüllt ist. Denn wenn ich mir meiner Einzigartigkeit bewusst bin, meinen Wert kenne, dann bin ich nicht leicht austauschbar und brauche keine Angst zu haben. Wenn das Gegenüber sich ohne den anderen nicht glücklich fühlt, dann hat er natürlich größere Sorge vor dem Verlust des Partners.

Das klingt ja erst mal so, als sei das leichter gesagt als getan?

In der Tat erfordert diese Haltung zuerst eine Auseinandersetzung mit sich selbst. Wenn ich in der Paartherapie sage:

»Schau doch erst einmal, wo du eigentlich stehst, wo deine eigenen Bedürfnisse liegen!«, schafft das möglicherweise erst einmal eine grundlegende Verunsicherung. Aber ich denke, dieser Ansatz greift tiefer und ist erfolgversprechender. Denn dann verändert sich vielleicht auch der Blick auf die Partnerschaft.

Ich rate daher, zunächst sich selbst zu fragen: »Wo schlägt mein Herz höher, wo findet meine innere Berührung statt? Wo liegt denn mein innerer Kern«?

Wenn jeder Partner weiß, was ihn für sich glücklich macht, dann ist auch eine Partnerschaft in ihrer Schnittmenge glücklich. Eigene Wünsche, Ziele und Sehnsüchte zu haben, ist zwar egoistisch, aber nicht egozentrisch!

Was bedeutet das denn im Hinblick auf das Jahrzehnt zwischen fünfzig und sechzig?

Dazu muss ich ein wenig ausholen:

Wir befinden uns in einer Zeit der gesellschaftlichen Unsicherheit, der Veränderung und der Schnelllebigkeit. Das kann in Bezug auf eine Partnerschaft bedeuten, dass ich mir vielleicht nicht die Zeit nehme, bei einer Beziehung in die Tiefe zu gehen, sondern auch da an der Oberfläche bleibe. Möglicherweise suche ich nicht in Ruhe nach dem emotionalen Kern in mir und dem anderen, sondern gehe Verbindungen aus Sicht des Verstandes ein.

Nun ist es so, dass Frauen in diesem Alter die Sicherheit einer langfristigen Beziehung nicht mehr im Fokus haben müssen. Die Familienplanung ist abgeschlossen, die Kinder möglicherweise schon aus dem Haus, die meisten Frauen sind berufstätig und damit auch finanziell nicht mehr unbedingt abhängig von ihrem Partner. Im Hinblick auf eine Ehe sollte das ja bedeuten: Eine Scheidung ist keine Tragödie mehr, sondern eine Option! Dennoch spüre ich hier in der Praxis immer noch häufig, dass vielen Frauen ihre Werteerziehung im Weg steht. Sie empfinden einen Integritätskonflikt und möchten deshalb die Beziehung nicht kündigen – obwohl sie spüren, dass es für sie persönlich vielleicht besser wäre.

Warum bleiben viele ältere Frauen nach einer Trennung alleine?

Ganz pauschal formuliert: Vor allem Frauen, die aus einem sehr leistungsorientierten Familienumfeld kommen, haben in ihrem Leben gelernt, was sie tun mussten, um zu gefallen und erfolgreich zu sein. Sie haben sich sehr angestrengt, fühlen sich aber innerlich verbrannt. Vielleicht erkennen sie nun, dass sie möglicherweise einer »Leistung« nachgerannt sind oder etwas erstrebenswert fanden, das für sie heute nicht mehr relevant ist. Denn rein biologisch gesehen ist der Partner nicht mehr notwendig, und auch die äußerlichen Werte sind vielleicht nicht mehr wichtig. Ja, auch die Leistung, als eingespieltes Team zu funktionieren, ist vielleicht nicht mehr von Bedeutung.

All das haben sie enttarnt. Sie erkennen vielmehr, dass auch sie selbst Bedürfnisse und Wünsche haben. Sie wollen nicht länger funktionieren, sondern ihr Leben leben und am Ende sagen: Es hatte einen Sinn, es hat mich berührt und es hat Spaß gemacht!

Wenn diese tieferen Fragen an die Oberfläche kommen, dann möchte man sich etwas gönnen. Dann nimmt man sich die Zeit herauszufinden: »Wer bin ich eigentlich?« Da werden dann die Gefühle aktiv, und dann fühlt man sich tatsächlich auch jünger. Man könnte auch sagen: Alter ist ein Gefühl!

Hat das auch Auswirkungen auf Freundschaften?

Ja, sicher! Es kann für Freundschaften bedeuten, dass man sich wieder mit Menschen trifft und austauscht, die man schon in der Jugend, in der Schulzeit kannte. Denn auch damit beschwört man ein Gefühl der Jugendlichkeit, von Leben zurück in die Gegenwart.

Was ist mit den Singles, die nun sich selbst genug sind – auch die finden häufig ja nur schwer einen neuen Partner?

Sie wollen eben keine Kompromisse mehr machen. Und da muss ich ihnen beipflichten, denn Kompromisse sind nicht gut! Es heißt nämlich auch, etwas zu tun, was ich ja eigentlich selber nicht will. Da geht es darum zu gefallen, das ist zwar gesellschaftlich gewollt, führt aber im extremsten Fall dazu, dass Energie und Leidenschaft aus einer Beziehung verschwinden.

Andersartigkeit ist dagegen etwas, was Attraktivität erzeugt, Polarität macht den Kern der zwischenmenschlichen Magie aus. Wenn Sie sich selbst erkannt haben, strahlen Sie das auch aus und signalisieren dem anderen – so bin ich! Das macht mich attraktiv! Damit fällt es auch leichter, eine neue Beziehung zu finden, denn dann sind die Signale auffällig und eindeutig für andere zu erkennen.

Sich in diesem Sinne zu suchen und zu erkennen, erfordert allerdings auch viel Mut.

Ein Single, der zwar alleine, mit sich selbst aber zufrieden und glücklich ist, der kann die einsamen Momente, die es zweifelsohne gibt, auch aushalten. Er weiß, die Partnerschaft ist nur ein Aspekt im Leben, nicht aber das Wichtigste.

Hat sich die Sicht auf die eigenen Gefühle und Bedürfnisse mit zunehmendem Alter vielleicht auch verändert?

Mit jedem Lebensabschnitt können sich die Sehnsüchte verändern. Da kommen vielleicht andere Bedürfnisse ans Tageslicht. Wenn ich anfange zu überlegen, wie und wann ich mich am besten fühle, was sich für mich richtig anfühlt, erkenne ich vielleicht auch Sehnsüchte, die nicht nur ein Mensch allein erfüllen kann. Dann ist vielleicht nicht die traditionelle Form einer Beziehung die Lösung. Ich denke, heutzutage ist die Gesellschaft da offener als früher.

Grundsätzlich glaube ich, dass Beziehungen immer eine Aufgabe haben. Ich denke, jede Begegnung hat eine eigene Bedeutung und ist ohne die künstlichen Formen um sie herum besser spürbar. So geht auch die Essenz einer Beziehung nicht verloren.

Wo liegen denn nun die Chancen?

In einer Beziehung werden nun Räume frei. Rollenmuster sind nicht mehr nötig. Ansprüche und anerzogene Werte können wie ein Mantel abgelegt werden. Dadurch wird der Mensch hinter diesen Mustern und Konventionen sichtbar. Die Individualität kann sich in dem Alter wieder entfalten.

Ist es denn möglich, bestehende, aber eingefahrene Beziehungen wieder zu beleben?

Ja, wenn sie es schaffen, das Pure und Ursprüngliche in der Beziehung wieder fließen zu lassen. Das, was beide früher angezogen hat, muss wieder an die Oberfläche gelangen. Diese Energie muss frei werden. Die Bremsen von Sicherheit und Routinen müssen sich lockern.

Und was, wenn dann doch eine Trennung im Raum steht?

Bei einer Trennung bricht ein sicher geglaubtes Fundament zusammen – vielleicht aber auch eine Illusion. Vor allem nach Affären wird alles, was die Beziehung ausmacht, in Frage gestellt. Ich glaube, es ist wichtig, genau hinzusehen, ehrlich zu sich zu sein und herauszufinden, ob überhaupt noch Energie da ist, die miteinander verbindet. Probleme kann man wieder und wieder besprechen, aber durch reines Besprechen nicht lösen. Dazu bedarf es einer Lebendigkeit! Eine Beziehung nur aus Angst vor Verlust weiterzuführen ist falsch. Wie Angst an sich generell kein guter Ratgeber ist. Sie ist der größte Hemmschuh für Veränderungen überhaupt.

Was raten Sie, wenn ich unzufrieden bin, egal ob als Single oder in einer Partnerschaft?

Wenn Sie den Drang verspüren, etwas Neues beginnen zu wollen, dann suchen Sie Rat und tauschen Sie sich aus. Das gibt Vertrauen und Rückenwind. Dabei sollten Sie sich mutige, lebendige Vorbilder suchen, Menschen, die Sie anregen, anstatt Sie zu bremsen. Trauen Sie sich etwas!

Wagen Sie möglichst Neues, schlüpfen Sie aus den klassischen Rollenbildern und legen Sie Ihre Vergangenheit ab! Das bereichert und befreit ungemein. Und es hilft dabei, sich neu zu entdecken.

Ich glaube, die Lösung liegt in der Lebendigkeit, in der Freude! Zu reifen, heißt nicht nur zu verstehen, sondern auch zu wachsen, kreativ zu sein!

Fakten-check

EHE UND PARTNERSCHAFT

Zwischen 50 und 54 ist jeder fünfte Mann ohne Partnerin und jede vierte Frau ohne Partner.[16]

Singlefrauen sind besser vernetzt, sozial besser eingebettet und entwickeln sich über die Dauer von fünf Jahren in ihrer Persönlichkeit stärker weiter als Verheiratete.[17]

Singles stellen sich größeren Herausforderungen in ihrem Leben. Sie haben ein großes Selbstbewusstsein und lassen sich weniger von der Meinung anderer beeinflussen und irritieren.[18]

Bei Liebeskummer wenden sich 38 Prozent der Singles an ihre Freunde, bei den Verheirateten nur 20 Prozent.[16]

Haupttrennungsgrund ist wiederholtes Fremdgehen.[17]

Mehrheitlich sind es die Frauen, die eine Trennung wollen.[7]

2016 wurden weniger Ehen geschieden als zuvor. Auch die durchschnittliche Ehedauer verlängerte sich. 1991 waren Ehen nach durchschnittlich gut 11 Jahren geschieden; 2016 dauerte es im Schnitt 15 Jahre bis zur Scheidung.[7]

Frage-
bogen

– ANNEMARIE –

58, geschieden, Lehrerin in Frührente. Zwei Töchter, 26 und 21 Jahre.

Wie haben Sie Ihren fünfzigsten Geburtstag gefeiert?

Ich kam an Weihnachten auf die Welt. Deshalb feierte ich meinen fünfzigsten Geburtstag unspektakulär – wie die vorherigen und nachfolgenden: Ich lud die engste Familie und einige Freunde und Nachbarn zu einem italienischen Buffet am Abend des Ersten Weihnachtstages ein.

Wenn Sie in den Spiegel schauen – wen sehen Sie?

Vor den Falten bewahrt mich noch die Fülle des Übergewichts, das ich den eineinhalb Jahrzehnten mit Psychopharmaka verdanke. Ich bin bipolar, was mich und mein gesamtes Umfeld – je nach Phase – berührt, beeinträchtigt, inspiriert oder lähmt. Ich bemühe mich zunehmend, mich nicht durch die Krankheit zu definieren, was aber auch durch die Nebenwirkungen der notwendigen Medikamente schwierig ist und mich permanent vor die Qual der Wahl stellt: Habe ich die Krankheit? Oder hat die Krankheit mich?

Leben Sie so, wie Sie es sich gewünscht haben?

Meine Erkrankung führte zur Frühpensionierung mit vierundfünfzig Jahren, was mich vom hassgeliebten bayerischen Schuldienst befreite, aber vor allem nach dem Auszug der Kinder auch vor die Notwendigkeit stellte, dem Tag eine sinnvolle Struktur und dem Leben eine befriedigende Tätigkeit zu geben. Ich bin glücklich geschieden, lebe allein, habe alle Zeit und Freiheit der Welt und könnte der Traumbeschäftigung intellektuelles Leben und Schreiben endlich nachgehen – wenn nicht oft die Kraft dafür fehlte, was ich zu Recht oder nicht auf die Nebenwirkung der Medikamente zurückführe …

Worauf sind Sie stolz?

Zum einen bin ich stolz auf meine zwei wunderbaren Töchter, die sich schon in sehr jungen Jahren in einem turbulenten Familienleben sowie mit der Unberechenbarkeit meiner Erkrankung zurechtfinden mussten.

Zum anderen macht mich die nach inneren und äußeren Kämpfen erreichte Harmonie in unserer Patchworkfamilie stolz, die zu einem stabilen und friedlichen Miteinander mit meinem inzwischen schwul lebenden Exmann, seinem Partner und den Kindern geführt hat.

Was war die größte Wendung in Ihrem Leben?

Die Geburten meiner beiden Töchter haben mein Leben am meisten verändert: Auf der einen Seite brachten sie den größten Schatz in mein Leben und eine wohltuende Erdung, was ich beides nicht missen möchte. Andererseits aber fühlte ich mich durch die verinnerlichten Vorgaben aus meiner sehr katholischen Herkunft zu einem bürgerlich-familiären Lebensmodell gedrängt, das nicht meinem tatsächlichen Naturell entsprach. Die Verantwortung für das Wohl der Kinder und das Bedürfnis nach einem eigenen erfüllenden Lebenskonzept wurden so zu einem schwierigen Spagat.

Was hat Sie rückblickend am meisten erschüttert?

Mit vierzig Jahren begegnete ich der Liebe meines Lebens – einem äußerst unkonventionellen Schriftsteller – und erlebte die Höhen und Tiefen einer schwierigen »Dichterliebe«, die ersten Jahre eingebunden in eine brüchig gewordene Ehe. Möglicherweise führten diese inneren Zerreißproben zu einem psychotischen Schub und brachten mich mit Schizophrenieverdacht in die Psychiatrie – seither benötige ich Psychopharmaka, bin froh, dass ich letztlich »nur« bipolar bin und weiß, dass unser Hirn und seine Synapsen eine sehr fragile Angelegenheit sind.

Wie wichtig sind Ihnen Liebe und Sex in dieser Lebensphase?

Wenn ich mich nicht gerade in einer manischen Hochphase befinde, hat Sex keine Bedeutung, da die Libido durch die Medikamente vollkommen gedämpft ist ... Die Liebe ist natürlich sehr wichtig – in allen ihren Facetten: die zu den Kindern, zu meiner Familie, zu Freunden. Einen festen Partner habe ich nicht – der Ablöseprozess von meiner Amour fou und der Trauerprozess über ihr Scheitern sind nicht abgeschlossen. Ich fühle mich noch nicht frei für eine neue Beziehung.

Was haben Sie sich für die nächsten Jahre vorgenommen?

Ich möchte der Krankheit nicht zu viel Macht über mein Leben geben, indem ich die Freiräume besser nutze und mich nicht aus Phlegmatismus hinter ihr verstecke. Ich möchte meinen Traum von einem künstlerischen Dasein trotz der Einschränkung der Kreativität durch die Medikamente nicht aufgeben.

Beschreiben Sie Ihren Herzenswunsch?

Ein gelingendes Leben für meine Kinder und mein erstes eigenes Buch in meiner Hand ...

Was ist Ihre wichtigste Erkenntnis in dieser Lebensphase?

Das Leben ist wesentlicher geworden, was sicher mit der Konfrontation mit der Sterblichkeit zu tun hat – durch den Tod von Eltern und ersten Freunden. Ich bin bescheidener in meinen Ansprüchen und zufriedener geworden durch die Konfrontation mit Krankheit, meiner eigenen, der von Freunden, die ebenfalls ihr Päckchen zu tragen haben, und dem nüchternen Wissen, dass wir nicht alles in der Hand haben und dass dennoch immer noch viel möglich ist.

Was tut Ihnen heute gut? Was beflügelt Sie?

Die innere und äußere Ruhe, die ich in meinem Leben habe, die viele frei verfügbare Zeit, Reisen – ans Meer, in europäische Städte, Lesen, Kino, Wellness, Kochen für Freunde und die Familie und gemeinsame Abende am Küchentisch …

Beflügelnd sind gelingende Texte, anregende Gespräche, neue Erkenntnisse – und das Ausfüllen dieses Fragebogens, der mich intensiv mit mir selbst konfrontierte …

Frage-
bogen

– NATASCHA –

54, Single, Trendscout.

Wie haben Sie Ihren fünfzigsten Geburtstag gefeiert?

In Rom, mit meiner Lebensfreundin (Tante) Renate, aus dem Füllhorn der Antike schöpfend. Das macht frisch in jeder Hinsicht. In den Fünfzigerjahren konnte man noch in den Forums-Ruinen herumklettern und am Petersplatz parken. Hat sie natürlich alles gemacht – großes Vorbild bis heute.

Wenn Sie in den Spiegel schauen – wen sehen Sie?

Ich sehe verschiedene Gesichter, und manchmal sehe ich mich gar nicht. Ist auch nicht so wichtig, panta rhei. Die Innenschau ist reich, andere Gesichter und Porträts erzählen so viel.

Leben Sie so, wie Sie es sich gewünscht haben?

Das Konzept »Wunsch« ist ambivalent. Einerseits Verheißung und Aufregung, gar Glück bei Erfüllung, oder das Gegenteil. Vielleicht sollte man »wunschlos glücklich« anders sehen (nicht als komplettes Distanzieren, aber Loslassen). An meinen Wunschgebäuden bin ich oft verzweifelt. Immerhin wusste ich immer, was ich NICHT will. Das kann sich zuweilen wie Versagen anfühlen, wie eine Schwäche, das Leben viel aktiver zu gestalten, beherzt Chancen zu ergreifen. Ich war oft zu zagend, zu verzweifelt, mir selbst im Wege stehend. Und in diesem Hadern ziemlich alleingelassen. Trotzdem habe ich mich damit gut durchgeschlagen, oft aus dem Bauch heraus gemacht, wovon andere nicht träumen würden. Mein Leben hat mich gefunden.

Worauf sind Sie stolz?

Ich war immer Außenseiterin und habe lange darunter gelitten, es aber immer mehr als mein So-Sein annehmen können. Man darf sich nicht unterkriegen lassen, weder vom sogenannten »Schicksal«, noch von autoritären Strukturen und konventionellen Erwartungen. Heute bin ich ziemlich unabhängig und, obwohl ich viel »abbekommen« habe, geradezu optimistisch. Ich kann das Leben immer besser verstehen und anderen verzeihen. Das ist von zentraler Bedeutung, um sich nicht ständig um sich selbst zu drehen.

Was war die größte Wendung in Ihrem Leben?

Ich habe mich von meinem Vater befreien können bzw. von seiner aggressiven Persönlichkeitsstörung. Er hat früh die Familie verlassen und uns dann fast nur noch tyrannisiert. Was wirklich tragisch war, denn das hat uns allesamt kaputt gemacht. Ich habe mich ihm trotzdem nahe gefühlt, da war etwas in mir, das ihn lieben wollte. Erst als er meiner Schwester (die er zeitlebens massakrierte) wirklich extremst zusetzte, konnte ich offen mit ihm brechen und den Kontakt beenden. Das hat unglaublich gut getan. Die Traurigkeit, ihn wirklich verloren zu haben, wich dem Gefühl von Befreiung. Ich hatte einen bösen Geist vertrieben. Zehn Jahre später lag er im Sterben, ich schrieb ihm, bot ihm an zu kommen, zu sprechen, whatever. Er antwortete sarkastisch und abwehrend, darauf folgte eine Enterbung inklusive krankhaftem Nachtreten. Die Beerdigung war skurril, aber wichtig. Wir haben uns von diesem charismatischen, sehr klugen und furchtbar destruktiven Menschen mit Würde verabschiedet. Ich kann ihn heute annehmen als meinen Vater und diesem zutiefst unglücklichen Menschen verzeihen, kann mit den Dramen und Verletzungen umgehen – das macht frei.

Was hat Sie rückblickend am meisten erschüttert?

Meine Kindheit und Jugend waren stark geprägt vom Scheidungsdrama meiner Eltern. Sie waren beide sehr leidenschaftlich und ziemlich durchgedreht. Es war die Hölle, als sie noch zusammen waren, danach ging es weiter mit schrecklichen Besuchstagen, aggressivem Druck (meines Vaters) und hysterischer Verzweiflung (meiner Mutter). Eine anstrengende Zeit in der unglaublich verlogenen Atmosphäre einer Kleinstadt in den Sechziger- und Siebzigerjahren. Nach außen hin war alles intakt und geordnet langweilig, nach innen hin oft zermürbend und bösartig. Wir waren wie Aliens, meine Mutter stand als alleinerziehende Geschiedene und Lehrerin am Gymnasium mittendrin, das heißt, wir bekamen alle Facetten mit und waren gleichzeitig ein gefundenes Fressen für Kleinstadtklatsch. Ich war schon früh erwachsen, teils aufmerksame Beobachterin, teils Freak, nirgendwo hin passend.

Kurz nachdem ich mein Abitur gemacht hatte – meine Mutter hatte als Abi-Lehrerin eine großartige Rede zum Thema Freiheit gehalten –, starb sie plötzlich. Der Friedhof war voll mit trauernden Schülern, Kollegen, Familie. Die Sonne schien wunderbar und wir waren komplett erstarrt. Ich hatte immer davon geträumt, mich frei zu machen, zu reisen, neue Horizonte zu entdecken, war bereit gewesen, voller Mut. Stattdessen jahrelange Depression. Ich habe meine lebenskluge und inspirierende Mutter verloren, die ich heute noch sehr vermisse. Ich habe meine Freiheit verloren, nach der ich mich so sehr gesehnt hatte.

Wie wichtig sind Ihnen Liebe und Sex in dieser Lebensphase?

Nach langer, anfangs glücklicher und dann sehr enttäuschender Beziehung bin ich komplett desillusioniert. Das ist schade, aber kein Riesendrama. Ich will mich nicht mehr auf jemanden einlassen, der mir wehtut oder mich zu sehr einschränkt. Und es steckt nicht in mir drin, mich anzubieten. Ich wusste ja schon als Kind, dass Liebe furchtbar sein kann, und habe trotzdem immer Liebe gesucht, wollte mich darin verlieren, einfach glücklich sein. Ich durfte das erleben, zumindest einige Male. Heute bin ich manchmal einsam und vermisse einen guten Gefährten. Aber meine Balance, das gute Mit-mir-Sein ist wichtiger als die Suche nach einem Phantom. Vielleicht gibt es wieder Liebe für mich oder halt nicht, ich will nicht mein Lebensglück daran festmachen.

Was haben Sie sich für die nächsten Jahre vorgenommen?

Ich bin wie gesagt eher visionslos, zudem wird die Auswahl an wirklich reellen Optionen immer kleiner. Wegen chronischer Krankheit fallen Hardcore-Aktionen und große Umbrüche aus, beziehungsweise bin ich dankbar dafür, wie ich jetzt leben kann. Dazu gehört für mich ganz klar, so gut es geht neugierig und aktiv zu bleiben: körperlich (Sport, Schmerzmanagement) und geistig (Themen vertiefen und Neues entdecken). Gerne mehr reisen, am besten in Kombination beruflich/privat, das ist am spannendsten.

Beschreiben Sie Ihren Herzenswunsch?

Ich möchte unbedingt unabhängig bleiben trotz zunehmender körperlicher Einschränkungen. Ich will keine Angst vor der Zukunft bekommen, denn das macht stumpf und nimmt die Luft zum Atmen. Ich möchte weiter reisen und entdecken können, möchte mein Pferd lange haben dürfen, reiten können. Möchte mich in einer gemischten Herde wärmen und lernen dürfen. Das macht mich glücklich und gibt mir Kraft.

Was ist Ihre wichtigste Erkenntnis in dieser Lebensphase?

Dass ich dankbar bin für mein Leben mit allem Drum und Dran. Dass ich es gut hatte und habe. Dass ich nicht von altem Leid geprägt bin, sondern fühle, wie viel Glück ich habe – man muss sich nur mal umschauen. Ich habe mir eine weitgehend positive, ausgeglichene Weltsicht erlebt. Es gibt zu viele Menschen, die in Ego-Gejammer oder Pseudo-Lebensfülle versinken. Insofern bin ich endlich froh, Außenseiter zu sein.

Was tut Ihnen heute gut? Was beflügelt Sie?

Ich bin der Ethnologe, der nicht im Dorf wohnt, also eher physisch wie geistig durchs Leben flaniert: im Flusse der Bewegung schauend und dort innehaltend, wo ich mehr sehen und wissen will. Es gibt überall Überraschendes zu entdecken oder neue, kleine Details. Ich versenke mich in Musik und Kunst, in Bücher, in Kulturen. Ich sehe das Schöne und den Schmutz und das jeweilige im anderen. Ich bewege mich zwischen den Sphären, schaue und lerne. Ein offener Blick und Respekt für das Gegenüber beseelen die Begegnung. Das Füllhorn des Lebens ist überreich und großartig.

WENN ELTERN STERBEN

»Wie schön muss es erst im Himmel sein, wenn er von außen schon so schön aussieht!«

– Astrid Lindgren

Kennen Sie das? Dieses Gefühl, dass sich gerade etwas ändert? Nicht sofort und nicht urplötzlich, aber Sie spüren, etwas verschiebt sich. Langsam. Schleichend. Es spült Sie unweigerlich in eine Richtung, deren Schlusskurve Sie nicht kennen. Es passiert mit Ihnen. Denn Sie sind machtlos. Das macht es noch schwerer. Ein Raum, der ahnen lässt, dass Verlust ein Prozess ist. Er spannt einen Bogen zwischen vorher und nachher und flutet Ihr Inneres mit all dem, was dazwischen liegt. Mit Erinnerung, mit Kindheit, mit Melancholie, mit Wut, mit gelebtem Leben. Dieser Raum ist ein Vermächtnis, dass wohl jeder durchläuft, der einen Menschen verliert. Aber wenn Eltern sterben, gesellen sich andere Dämonen hinzu.

Wer die fünfzig hinter sich hat, wird – wenn alles »normal« läuft – in der Regel mit dem Altern und dem Tod der Eltern konfrontiert. Mütter und Väter sind dann meist um die achtzig. So trifft uns dieses Thema eben am häufigsten in diesem Lebensabschnitt. Ein Abschnitt, in dem wir selbst Familien gegründet haben, verheiratet oder geschieden sind, Single oder liiert, mit oder ohne Kinder. Auf jeden Fall stehen wir mitten im Leben und sind längst erwachsen.

Natürlich wissen wir, dass es passieren wird; dass Eltern alt werden und sterben. Wir versuchen uns vorzubereiten. Aber: Gegen diesen unfassbaren Moment ist nicht wirklich anzukommen. Er ist gnadenlos. Und kommt mit Wucht. Vorbereitung hin oder her.

»Es nimmt der Augenblick,
was Jahre geben.«

– Johann Wolfgang von Goethe

Wir sind drei Geschwister. Unsere Eltern leben nicht mehr. Unser Vater starb vor siebzehn, unsere Mutter vor zwei Jahren.

Ich behaupte nicht zu wissen, was richtig und was falsch ist in der Zeit vor, während und danach. Es gibt wohl kein Falsch und kein Richtig. Ich glaube, wenn Eltern sterben, passiert etwas in uns, dass wir in seiner Dimension vorher so nicht ermessen können. Ich glaube, wenn Eltern sterben, passiert etwas Elementares. Ob man will oder nicht. Der Tod der Eltern berührt uns im innersten Kern. Egal, ob wir erwachsen sind; egal, wie das Verhältnis, wie die Beziehung zueinander war. Der Tod der Eltern erschüttert offenbar eine innere Wurzel, die verzweigt ist und in den Menschen strahlt, der wir geworden sind. An ihr wird gezerrt, sie droht, an Kraft zu verlieren, bis sie wieder Halt findet. Manchmal dauert es nur eine Weile. Manchmal Jahre. Und manchmal den Rest des Lebens.

»Der Berg ist überschritten; nun wird es leichter gehen.«

— Friedrich der Große

Eine Bekannte, deren Vater schon länger nicht mehr lebt, erzählte mir neulich, sie habe sich befreit gefühlt, als ihre Mutter starb. Sie habe Erleichterung empfunden, als es »endlich vorbei war«. Und sie schäme sich dafür. Musste sie das? Sollte sie? Sind solche Gefühle nicht berechtigt, weil sie so empfunden werden? Sind sie nicht genauso irritierend, schrecklich oder schön, wie es die Beziehung zu Lebzeiten eben auch war?

Die Verbindung meiner Bekannten zu ihrer Mutter war ohne Wärme gewesen. Streitpunkte zogen sich durchs ganze Leben. Ihre Mutter, irgendwann weit über achtzig, und ihre Tochter hatten sich gestritten bis zum Schluss. Dieselben Themen, dieselben Konflikte, dieselben Vorwürfe.

Ein ganzes Leben lang. Bis ihre Mutter erst zu fahrig, dann zu schwach und schließlich so dement wurde, dass sie von einer Tochter nichts mehr wusste. Die beiden blieben unversöhnt, entfremdet. Über den Tod hinaus.

Die Tochter hatte ihre Schuldigkeit getan und die Stützpfeiler für ein durchorganisiertes Pflegeprogramm errichtet. Aber Wärme? Zuwendung? Herz? Davon war eben nichts zu spüren gewesen. Für sie nicht. Und für ihre Mutter vermutlich auch nicht. Wenn diese Mutter-Tochter-Beziehung aus so vielen Widrigkeiten bestand, muss dies im Sterben anders sein?

Dieselbe Frau erzählte mir viel später, dass sie ein Stofftaschentuch ihrer Mutter beim Aufräumen gefunden und aufbewahrt hatte. Es roch noch Monate später nach ihrer Mutter, vielleicht nach der Mutter, die eben auch in ihr gesteckt hatte. Eine verborgene Seite in verblassten Farben. Sie bewahrte dieses Taschentuch auf. Ab und an roch sie daran. Und manchmal kamen ihr die Tränen. Ein Taschentuch. Das konservierte Aroma des Lebens ihrer Mutter. Irgendwo gab es eine Verbindung. Etwas blitzte auf. Irgendwo berührte dieses Taschentuch wohl doch ihren Kern. Vielleicht streifte es ihn manchmal nur. Aber Berührung war da. Trotz allem.

Hätte sie anders handeln sollen, als ihre Mutter noch lebte und im Besitz ihrer Geistesfähigkeit war? Hätte sie ihrer alten Mutter nicht verzeihen können? Versäumnisse in Kindheitstagen; mangelnden Zuspruch; fehlendes Verständnis, zu wenig Akzeptanz?

Meine Bekannte plagt heute noch, sich nicht versöhnt zu haben.

»Am Ende gilt doch nur, was wir getan und erlebt – und nicht, was wir ersehnt haben.«

— Arthur Schnitzler

Haben meine Eltern die Dinge für sich geregelt? Kann ich mit ihnen darüber sprechen? Und wenn ja, wann eigentlich? Gibt es Patientenverfügungen? Herrscht ein gemeinsames Wissen darüber, wie Mütter oder Väter gehen möchten und vor allem – wie nicht? Was sagen die Geschwister, wie könnte alles funktionieren, wenn es so weit ist?

Aus vielen Gesprächen mit Freunden und Bekannten weiß ich, dass die Einen offenherzig damit umgehen, andere meiden das Thema komplett. Viele, mit denen ich gesprochen habe, haben am Ende ähnliche Beobachtungen gemacht: wie sich eine Art Urbedürfnis aufbäumt, Dinge zu befrieden, bevor man geht, und auf der anderen Seite diese tiefe, unwiderrufliche Bitterkeit, die das Sterben begleitet, wenn es nicht mehr dazu kommt. Für den Sterbenden, aber auch für den, der zurückbleibt.

Es gibt ja auch Fälle, da gehen Menschen ganz offensiv mit dem eigenen Tod um. Der Vater einer guten Freundin war sehr krank und berief eine regelrechte Familienkonferenz ein. Da er wusste, dass er nur noch ein paar Wochen zu leben hatte, wuchs in ihm das Bedürfnis, alles klar zu regeln. Er fragte ab, wer an welchen Dingen hänge, und verteilte Bilder und Schmuck. Er übertrug in gewisser Weise

Zuständigkeiten an seine Töchter und nahm ihnen das Versprechen ab, sich friedlich und fürsorglich umeinander und die Mama zu kümmern. Er wollte seinen Abschied für alle so harmonisch und problemlos wie eben möglich gestalten. Der Tod hatte für ihn in dem Moment vielleicht etwas Pragmatisches. Er wollte bis zuletzt die Fäden in der Hand halten und die Dinge ganz am Ende geordnet übergeben.

Andere wiederum finden sich in ähnlichen Situationen in einem regelrechten Chaos wieder. Kein Testament, Papierberge, nichts sortiert. Als ob sie nicht an morgen denken wollten. Weder die Eltern, noch ihre erwachsenen Kinder.

»Jeder Tag ist ein kleines Leben.«

— Arthur Schopenhauer

Ich denke, jeder Tod ist beklemmend und riesengroß. Man kann ihn sich nicht vom Leib halten. Sterben ist so einzigartig wie das Leben selbst. Ein Palliativarzt sagte mir damals, als mein Vater starb, zum Trost: Jeder sterbe so, wie er gelebt habe. Ich habe diesen Satz nie vergessen und oft darüber nachgedacht. Wenn man mit anderen darüber spricht, scheint das für viele stimmig zu sein.

War ein Mensch im Leben chaotisch, hinterlässt er dann auch im Sterben kein geordnetes Vermächtnis? War jemand zu Lebzeiten sortiert, ist dann auch am Ende das Erbe geregelt? Eine Patientenverfügung ausgefüllt parat? War jemand sein Leben lang ehrlich, wird er es auf dem Sterbebett auch sein? War er streitsüchtig, wird er sich dann am

Schluss schwer tun zu vergeben? War er offenherzig zu anderen, wird dann keine Rechnung offen bleiben?

Ich kenne so viele Geschichten über völlig zerstrittene Geschwister und schmutzige Erbstreitigkeiten. Wer will das schon?

Wenn Eltern sterben, beginnt für alle ja eine Art Zeitreise.

»Auf irgendeinem der dunklen Wege hinter dem offiziellen Bewusstsein hat mich der Tod des Alten sehr ergriffen. Ich hatte ihn sehr geschätzt, sehr genau verstanden, und er hat viel in meinem Leben gemacht, mit der ihm eigenen Mischung von tiefer Weisheit und phantastisch leichtem Sinn. Er war lange ausgelebt, als er starb, aber im Innern ist wohl alles Frühere bei diesem Anlass aufgewacht. Ich habe nun ein recht entwurzeltes Gefühl.«

— Sigmund Freud nach dem Tod seines Vaters

Dieser letzte Atemzug eines Menschen, der uns nahe steht, ist ein gewaltiger Akt. Größer, als wir es uns wohl je haben vorstellen können. So jedenfalls ging es mir und allen, mit denen ich darüber sprechen durfte.

Da sind häufig unerfüllte Hoffnungen zwischen Eltern und Kindern, enttäuschte Erwartungen; Defizite, aber natürlich auch die tiefe Zuneigung, Liebe und Verbundenheit. All das schwingt in einem großen Konzert nach. Ich fühlte mich wie ein riesiger Resonanzkörper, in dem eine ganze Welt aus Lebensetappen, Erinnerung und Gedanken nachklingt. In allen Tönen und Farben, in allen Schattierungen und Mustern. Dort beginnt Trauer und Traurigkeit. Dort war der Verlust ganz nah. Still oder mit Pathos; quälend oder erleichtert.

»Ich bin nicht tot.
Ich tausche nur die Räume.«

– Michelangelo

Für die allermeisten nimmt Trauer konkrete, greifbare Formen an, wenn das Elternhaus oder die elterliche Wohnung ausgeräumt werden müssen. Für mich wurde die Trauer in diesem Moment haptisch. Möbel verlassen ihren oft über Jahrzehnte angestammten Platz. Abdrücke in Teppichen bleiben als Spuren unserer Kindheit zurück, wenn Eltern bis zu ihrem Tod dort gelebt haben, wo man selbst als Kind groß geworden war. Man wendet Andenken und Sammlerstücke hin und her, liest Briefe und Postkarten, fährt mit Fingerspitzen über Buchrücken, berührt Tische und Stuhlpolster. Requisiten einer Kindheit, eines Großwerdens. Und auch wenn man sich von den Dingen schon lange entfernt hat, waren sie doch alle verbunden mit Anekdoten, Szenen und Bildern.

Im Bad hängen vertraute Morgenmäntel. Im Schlafzimmer stehen verlassene Betten. In der Küche hängen angestammte Utensilien an der Wand. Ein Stillleben. Überall. Krawatten über der Stuhllehne, Kissen in der Sofakuhle, die Armbanduhr auf dem Nachttisch. Ein Haar im Waschbecken. Gerüche. Der Duft vieler Leben, die hier zu Hause waren. Alles wie eingefroren, in Erwartungshaltung. Aber es kommt niemand mehr.

Man sagt, man löse das Haus oder die Wohnung auf. In Wahrheit aber löst man doch viel mehr auf, denke ich. Man durchschneidet ein Band. Für viele erodiert in diesem Moment eine Art Familienzentrale und mit ihr ein Hort für Feste, für Großeltern, für Enkel, für die eigene Kindheit, für Gemeinsamkeit.

»Was man tief in seinem Herzen besitzt, kann durch den Tod nicht verlieren.«

– Johann Wolfgang von Goethe

Ich persönlich finde, es ist wichtig, die Dinge noch einmal in die Hand zu nehmen, anzuschauen, zu lesen, zu betrachten, innezuhalten. Ich habe von Söhnen und Töchtern gehört, die eine Wohnung oder ein Haus innerhalb von Tagen auflösten, kaum dass die Eltern unter der Erde waren.

Jeder verabschiedet sich anders. Aber ich habe es gebraucht, mich Seite an Seite mit meinen Geschwistern mit Ruhe und Bedacht und aller Sorgfalt diesen Erinnerungen zu widmen, sie zuzulassen; sich diesem Ort wieder zu nähern, um sich verabschieden zu können. Denn in dieser Phase, so habe ich es jedenfalls empfunden, ändert das eigene Leben die Richtung. Nicht um 180 Grad; nicht so weit, dass es das Leben völlig umkrempelt. Aber irgendwie hatte ich das Gefühl, mein Leben wechselte hier gerade die Spur. Es entrückte unweigerlich einer Heimat, einer Wurzel. Und ich kehrte den Rücken.

»Die große Tragödie des Lebens besteht nicht darin, dass Menschen sterben, sondern aufhören zu lieben.«

— Somerset Maugham

Wenn Eltern alt werden, wenn sie gebrechlich werden, verabschieden sie sich schleichend von dem Menschen, der sie immer für uns waren. Im Guten wie im Schlechten. Eine verlässliche Instanz? Ein Refugium aus Fürsorge und Wärme? Jemand, der anruft, wenn's sonst gerade keiner tut? Vielleicht auch ein gnadenloser Kritiker? Ein von uns Enttäuschter? Ein lästiger Mensch, der uns nie gesehen hat als der, der wir sind? Oder jemand, dessen Liebe am Ende ohne jeden Vorbehalt spürbar ist? Eine Verbindung, die über uns schwebte – so hierarchisch klar und beruhigend? Warum bleibt das bis zum Ende so?

Aber es gibt diesen Moment, da kippt das Gefüge, das über Jahrzehnte unantastbar schien. Plötzlich brauchen uns Eltern vielleicht mehr als wir sie. Ganz langsam vollzieht sich ein Rollentausch, der wohl immer auch verbunden ist mit Wehmut; mit Pflicht-und Schuldgefühlen; mit Geschwisterrivalitäten; mit Vergangenheit. Wo liegt unsere Verantwortung? Wie weit geht sie?

Wie oft hört man in Gesprächen mit Kollegen, Freunden, Nachbarn von Überlegungen, wie und was zu stemmen ist. Und wie oft stehen jede Menge Fragezeichen und viel Unsicherheit hinter diesen Themen. Wie lange funktioniert das selbstbestimmte Leben von Eltern noch? Ist das der erste Schritt in die Abhängigkeit von mir? Wie schließe ich mit Geschwistern – wenn vorhanden – einen gemeinsamen Pakt? Muss ich bereitwillig die alte Mutter pflegen wollen? Bin ich moralisch verpflichtet, mich um jene zu kümmern, die mich einst großzogen?

Der Vater eines Freundes hatte vor vielen Jahren einen schweren Schlaganfall. Die Mutter lebte schon eine Weile nicht mehr. Er war komplett pflegebedürftig. Er konnte nicht mehr sprechen. Nicht mehr laufen, nicht eigenständig essen, nicht mehr lesen. Eigentlich konnte er gar nichts mehr, aber er lebte noch.

Die ältere Schwester meines Freundes war zu jener Zeit erfolgreiche Anwältin. Sie war unverheiratet und kinderlos und lebte ein kurvenreiches Leben voller Schnörkel und Abenteuer. Als sie aber ihren Vater so sah und erlebte, wie er auf die Stufe eines Kleinkindes reduziert war, vollzog sich in ihr eine radikale Zäsur.

Sie kündigte ihren Job. Sie zog in die Kleinstadt, in der ihr Elternhaus stand, ließ sich beibringen, was notwendig war. Und startete ein neues Leben, das darin bestand, ihren Vater zu pflegen, der bettlägerig und ohne Sprache war. Sie zog sich zurück in einen Kokon aus – ja, aus was eigentlich? Schlechtem Gewissen? Pflichtgefühl? Eigentlich war es unglaublich. Diese Frau, damals einundfünfzig Jahre, ließ ihr spannendes, rasantes Leben zurück und opferte sich. Ja, sie opferte ihr Leben für ihren kranken Vater. Das war jedenfalls unser Gefühl.

Es vergingen sechs Jahre. Sechs lange Jahre war sie ausgeschert aus ihrem Alltag, ihrer Berufung als Anwältin. Aus einem Großstadtleben voller Reisen, Lieben und Extreme. Sie war dort ausgeschert und war in dieses enge Bündel aus Provinz und den steten Rhythmen eines Pflegedaseins gewachsen. Jeden Tag dieselbe Taktung aus Waschen, Windeln wechseln, Essenkochen, Füttern, da Sein, liebevoll Sein, Zuversicht geben an einem Ort, der keinen Raum mehr für Zuversicht ließ. Aber sie zog das durch. Bis ihr Vater eines Morgens die Augen nicht mehr öffnete und seinen letzten Atemzug tat.

Sie glauben nicht, in welchem Zustand diese Frau aus den sechs Jahren hervorkam.

Sie war glücklich. Sie war erfüllt. Sie hatte etwas gelebt und zu Ende gebracht, das ihr eine tiefe Zufriedenheit bescherte. Sie war einem inneren Bedürfnis gefolgt. Das hatte sie beseelt, auch wenn sie dafür viel hatte aufgeben müssen. Und sie war siebenundfünfzig Jahre alt.

»Wer am Ende ist, kann von vorn anfangen, denn das Ende ist der Anfang von einer anderen Seite.«

— Karl Valentin

Ich frage mich oft, wer darüber bestimmt, was ein gelungenes Leben ausmacht. Wer sagt, dass sich Begehrlichkeiten, Sehnsüchte, Ziele und Vorstellungen nicht ändern können? Gerade in dieser Lebensphase! Ein gelungenes Leben kann wohl eben auch bedeuten, die Mutter oder den Vater zu pflegen und auf den großen Tanz zu verzichten. Für eine Weile jedenfalls.

Egal, wie wir mit dem Thema umgehen: Das Altern und Sterben der eigenen Eltern ist ein ganz elementares Thema für die allermeisten von uns. Auch weit über den Tod hinaus.

»Niemand kennt den Tod, es weiß auch keiner, ob er nicht das größte Geschenk für den Menschen ist. Dennoch wird er gefürchtet, als wäre es gewiss, das er das schlimmste aller Übel sei.«

— Sokrates

Je mehr Jahre vergehen, desto mehr verblassen Erinnerungen. Klar, das Wichtige bleibt; jeder von uns speichert Vergangenes unterschiedlich. Aber manche Szenen verwittern einfach mit der Zeit. Eine sanfte Patina umhüllt Bilder von Eltern; von der eigenen Kindheit. Was hinter uns liegt, verliert an Kontur.

Aber was ich ebenfalls spüre in genau derselben Phase: Wenn wir etwas zurücklassen, gehen wir doch immer auch einen Schritt nach vorn. Und dort entsteht ein neuer Raum. Es entwickelt sich etwas Neues. Eine Weite, die Platz schafft. So erlebe ich es jedenfalls.

Ich habe das Gefühl, wir können weiter wachsen, uns in neue Richtungen entwickeln, wenn die Trauer nachlässt. Verlust bedeutet am Ende wohl auch immer einen Gewinn. Und deshalb, davon bin ich überzeugt, liegt darin auch eine neue Möglichkeit.

Dieser Umbruch, der uns in diesem Lebensabschnitt begleitet – das Sterben der Eltern –, birgt auch neue Perspektiven. Wir verbinden uns mit neuen Zielen. Der Umbruch kann unser Komplize sein, mit dem wir neue Wege entdecken können. Wir können aus der Erfahrung, die wir mit Verlust, mit Trauer gemacht haben, etwas Gutes formen. Ja, ich denke, wir wechseln die Spur, aber wir können auch nach vorne schauen.

»Mich lässt der Gedanke an Tod in völliger Ruhe. Ist es doch so wie mit der Sonne: Wir sehen sie am Horizont untergehen, aber wir wissen, dass sie ›drüben‹ weiter scheint.«

– Johann Wolfgang von Goethe

An einem Novembertag vor vielen Jahren, als ich meinen jüngsten Sohn mit dem Fahrrad von der Grundschule abholte – damals war er in der ersten Klasse –, nieselte es. Er fuhr auf dem Bürgersteig, ich auf der Straße. Wir radelten schweigend nebeneinander her. Auf einmal drehte er sich zu mir und rief quer über die Köpfe der Passanten zu mir herüber: »Ich kann mir diese Welt ohne mich einfach nicht vorstellen!«

Viele der Vorbeigehenden schmunzelten. Dabei hatte er diesen Satz aus seiner Sicht todernst in eben diese Welt geschleudert. Und wie Recht hatte er. Können wir uns eine Welt ohne uns vorstellen? Oder andersherum: Können wir uns uns ohne eine Welt vorstellen?

Wenn die Fünfziger da sind und Eltern sterben, dann biegt dieser Gedanke um die Ecke, scharfkantiger als wohl je zuvor. Es liegt auf der Hand: Wenn die Generation über unseren Köpfen stirbt, dann rücken wir unweigerlich vor. Da geht einfach kein Weg dran vorbei. Die eigene Endlichkeit verliert ihre Abstraktion. Wir brüten über verpassten

Möglichkeiten; wir haben es eilig, wenn es um Pläne und Träume geht. Was können wir noch anders machen? Was geht noch im Job? Privat? Bestandsaufnahmen machen hektisch. Wie viele Sommer noch? Wie viele gute Jahre? Ich möchte dieses Jahrzehnt nutzen, leben und prassen. Und wie! Denn wer weiß, wie viel Zeit mir noch bleibt?

»Wenn du beim Sterben gelebt zu haben wünschst, so solltest du schon jetzt leben.«

– Mark Aurel

Aber es ist und bleibt nun mal schrecklich, dass mehr als die Hälfte unseres Lebens bereits gelebt ist, nicht wahr? Der Gedanke ist schlimm. Aber vielleicht eben nicht nur? Vielleicht können wir etwas aus dieser Erkenntnis machen?

Denn die für mich alles entscheidende Frage und die alles entscheidende Antwort lauten doch: Warum genießen wir etwas? Wir genießen es, weil es endlich ist.

Das Bewusstsein um die eigene Endlichkeit ist auch ein Geschenk. Vielleicht lenkt uns die Angst vor dem Tod lediglich vom Leben ab, aber ganz sicher nicht vom Sterben. Diese Gewissheit hat etwas Tröstliches. Sie verschafft Rückenwind. Der Tod lehrt uns, Prioritäten zu setzen.

Ich frage mich oft: Muss ich allem hinterherrennen? Muss ich mich beruflich noch so echauffieren, dass ich nachts schlaflos und mit Wut im Bauch im Bett liege? Muss ich Zeit mit Menschen verbringen, die ich nicht mag oder langweilig finde? Nein. Muss ich nicht.

Mir hilft es, mir den Tod zum Freund zu machen, zum Motor, zum Korrektiv. Nicht alles zu ernst zu nehmen, nicht zu krumm, einfach auch mal über Dinge zu lachen – über die eigenen Verfehlungen und die der anderen. Das klingt banal, aber mich befreit das.

Wir könnten die Tür doch einfach einen Spalt aufmachen, ein wenig Licht von drüben hineinlassen, ohne ständig die verbleibenden Sommer zu zählen. Wir könnten erhobenen Hauptes weitermarschieren. Ein bisschen verändert. Ein bisschen erneuert. Mit unseren vernarbten Herzen und Lebenskrusten. Aber auch mit frischem Schwung und klarem Blick. Mit Humor und gewonnener Weisheit. Das klingt doch eigentlich ganz gut, oder?

Interview

– PROF. VERENA KAST –

Emeritierte Professorin für Psychologie an der Universität Zürich

Präsidentin des C.G. Jung-Instituts, Zürich

Verdrängt man ab fünfzig den Tod der Eltern, obwohl man weiß, er wird kommen?

Es gibt zwei Aspekte. Auf der einen Seite weiß man um den nahenden Tod der Eltern und fragt sich: Bin ich eigentlich genug bei ihnen? Sollte oder muss ich mehr Zeit mit ihnen verbringen? Und auf der anderen Seite will man vom Tod der Eltern noch ganz lange nichts wissen.

Ich denke, es geht darum, wie wir grundsätzlich mit dem Tod umgehen. Wir wissen, dass es ihn gibt; dass er auf uns zukommt, aber wir wollen halt eben nichts davon wissen, weil die Eltern ja noch so fit scheinen. Insofern verdrängen wir die Frage gern. Und ein bisschen müssen wir das vielleicht ja auch, sonst verliert man sein eigenes Leben aus dem Blick.

Sollte man mit den Eltern offen über das Sterben sprechen?

Ich finde, es ist ein große Kunst, bei den Eltern genau hinzuhören. Wollen sie über das Sterben reden? Wollen sie darüber sprechen, was im Fall mit dem anderen Elternteil sein wird? Wollen sie über Sorgen reden oder wollen sie es nicht, weil sie denken, der Tod ist für mich grad kein Thema.

Gibt es da eine Strategie, um das Thema anzusprechen?

Nein, das ist eine Frage von wohlwollendem Zuhören, Hinhören. Es ist auch die Frage einer liebevollen Beziehung. Wir kennen unsere Eltern doch sehr gut und spüren, wenn solche Zwischentöne kommen. Dann können wir einhaken und nachfragen: Ist da etwas, worüber Du sprechen möchtest? Aber der Moment muss für uns als Söhne oder Töchter natürlich auch passen.

Wenn Eltern sterben – was macht das mit uns? Mit uns, die wir selbst längst erwachsen sind?

Ich finde, man muss immer bedenken, dass man die Eltern ja schon oft verlassen hat. Man verlässt sie zum ersten Mal, wenn man zu Hause auszieht. Das bedeutet meist auch schon eine Art Trauerphase. Nicht nur für die Eltern, sondern auch für die Kinder. Wenn man jung ist, spürt man das nur nicht so bewusst, weil das Leben in dieser Phase gerade spannend ist. Aber in diesem Aufbruch »Ich brauche meine Eltern nicht mehr« steckt sehr viel verdrängte Trauer. Aber dann, später gibt es im Laufe eines Lebens wieder eine Annäherung.

Irgendwann aber werden Eltern eben alt. Sie sterben ja meist in Etappen, in gewisser Weise also mehrmals. Wenn sie krank werden; wenn es ihnen schlecht geht. Sie verabschieden sich da immer ein bisschen weiter im Gefühl der Kinder.

Es kommt immer darauf an, was die Eltern für einen sind. Eltern können – auch wenn man die fünfzig bereits selbst hinter sich hat – immer noch eine Garantie für ein gutes, sicheres Leben sein. Eltern können Menschen sein, die man im eigenen Leben noch braucht. Wir selbst können Menschen sein, die gut Abschied nehmen können, oder die sich damit sehr schwer tun. Deshalb ist es schwierig, allgemein zu beantworten, was es mit uns macht.

Generell ist der Tod der Eltern immer einschneidend. Ich bin ja auch mit fünfzig noch das Kind meiner Eltern. Aber nach ihrem Tod eben nicht mehr. Man verliert auch diejenigen, die zwischen uns und dem Grabstein standen: Man wird zur tragenden Generation. Man hat die Gewissheit verloren, dass Eltern immer da sind. So wird man aber auch erwachsener.

Wenn die Eltern tot sind, beginnt für uns ein normaler Trauerprozess.

Was kann Trauer erleichtern?

Es hilft, wenn man zuvor immer mal wieder darüber nachgedacht hat, was man für ein Leben mit den Eltern hatte. Hat man mit den Eltern zu Lebzeiten viel gesprochen und sich ausgetauscht? Auch das macht es leichter. Denn: Erzählen aus dem Leben ist immer emotional. Erzählen, wirklich erzählen und sich erinnern mit den Eltern heißt: Man ist miteinander vereint in einem Vorstellungsraum. Und damit nehmen wir die Trauer ein Stück weit vorweg.

Trauerprozess heißt ja, dass man sich von der Beziehung zu den Eltern auf das eigene Selbst zurückbesinnt. Und dabei helfen Erinnerungen sehr.

Kurz bevor beispielsweise mein Vater starb, habe ich ihm gesagt: »So einen Humor wie du wird niemand mehr haben«. Und daraufhin hat er geantwortet: »Ach was, deiner ist auch nicht schlecht.«

Ich will damit deutlich machen, wir erleben mit Eltern etwas, das man ins eigene Leben mitnehmen kann.

Hat das etwas Tröstliches?

Ja, sehr. Diese gnadenlose Abwesenheit nach dem Tod ist einfach ein furchtbarer Fakt. Aber dieses sich Erinnern, dieses gemeinsam Erlebte in sein eigenes Leben zu integrieren, das ist etwas ganz Wichtiges, und man erweist Eltern damit auch die Referenz, dass auch sie weiterleben. Mit dem, wie sie uns einst belebten, leben sie in uns nun auch weiter.

Ist es wichtig, zu Lebzeiten zu sagen, woran man sich schon jetzt gerne erinnert?

Ja, das ist extrem wichtig. Für die Eltern, aber auch für einen selbst. Jeder erinnert sich an Eltern. Im Guten wie im Schlechten. Man sollte darüber zu Lebzeiten sprechen.

Wie vollzieht sich denn so ein Trauerprozess?

Es gibt vier Trauerphasen. Zuerst fühlt es sich an wie ein Schock. Gerade war der Mensch noch da, jetzt ist nur noch die Hülle übrig. In dieser Phase funktioniert man recht gut, organisiert die Beerdigung, weint nicht so viel.

Nach der Beerdigung beginnt das Trauern. Da kommen Wut, Angst und Schuldgefühle hoch. Traurigkeit bricht an kleinen Dingen auf. Man ist fragil. Dabei ist es völlig in Ordnung, sich auch abzulenken.

In der dritten Phase will man sich an den Verstorbenen ganz deutlich erinnern und fragt sich: Was hatten wir miteinander? Und was davon gehört jetzt in mein Leben? Trauer ist dann im Wesentlichen der Versuch, das, was in der Beziehung war, ins eigene Leben zu überführen. Das funktioniert über die Erinnerung.

In der vierten Phase reflektiert man die Beziehung. Man sieht die Schwierigkeiten und das Schöne. Man opfert den Schmerz. Trauernde sollten dem Leben treu bleiben und nicht dem Schmerz. Das ist wohl immer im Sinne des Verstorbenen. Natürlich kommt immer mal eine Wehmut auf, auch eine Dankbarkeit über das, was die eigenen Eltern geleistet haben.

Mein Vater ist in einen Frühlingssturm hineingestorben. Und immer wenn so ein Frühlingssturm aufkommt, dann denke ich an meinen Vater.

Kann Trauer also auch ein Schatz sein für das eigene Leben?

Nirgendwo sonst kann man die Substanz einer Beziehung so fühlen wie in einem Trauerprozess. Und es bewirkt ein inneres Reifen und Wachsen. Menschen, die den Trauerprozess durchlaufen haben, sagen: Ich habe mehr Freude im Leben, ich setze andere Prioritäten, dieser Verlust hat mir das Gefühl gegeben, zu wissen, was wichtig ist und was nicht. Ich habe dadurch wärmere, bessere Beziehungen. Man muss sich klar machen: Eltern sind die ersten Bindungspersonen. Zu ihnen gehen wir hin, wenn wir Angst haben. Das bewirkt doch immer, dass wir das Gefühl haben, auch wenn die Eltern schon längst klapprig sind, wenn irgendetwas Dramatisches wäre, dann könnten wir zu ihnen gehen und Schutz suchen. Aber wenn diese Beziehung wegfällt, dann gewinnen bestehende Beziehungen eine neue Qualität. Und auch wir selbst fühlen uns stärker und gewinnen Verantwortung und Kompetenz.

Trauern bedeutet eben nicht nur Verlieren, sondern auch Gewinnen.

Wie wichtig ist die Aussöhnung mit den Eltern?

Das ist sehr unterschiedlich – aber ich bin für das Versöhnen. Ich nenne es immer »gut sein lassen.« Eltern haben ja auch ihre Gründe, warum sie getan haben, was sie getan haben. Ich denke an eine Patientin, die hatte eine schwer alkoholkranke Mutter, die ihr übel mitgespielt hat. Sie hat versucht, sich mit der sehr kranken Mutter auseinanderzusetzen, aber die Mutter hatte keine Einsicht. Die Patientin hatte erwartet, die Mutter würde sagen, es tue ihr leid, aber das tat die Mutter nicht. Sie sagte, sie habe nicht anders gekonnt. Die Patientin hat dann beschlossen, es jetzt einfach gut sein zu lassen. Sie wollte das Dunkle ruhen lassen und sich an die paar liebenswerten Züge ihrer Mutter erinnern.

Wenn jemand stirbt, dann hofft man ja oft als Angehöriger, dass man noch Dinge klären kann, aber das funktioniert oft nicht, weil man nicht in der gleichen Phase ist. Die Verstorbenen wollen die Dinge in der Regel viel früher klären als die Angehörigen. Die aber schieben es gern vor sich her. Doch wenn es so weit ist, möchten sterbende Eltern eben ihre Ruhe und nicht noch alte Konflikte auskämpfen und Vorwürfe hören.

Wenn man wirklich solch gravierende Probleme mit den Eltern hat, dann soll man sich mit ihnen auseinandersetzen, wenn alle noch im Vollbesitz der Kräfte sind. Dann ist es fair. In der letzten Phase braucht es nicht unbedingt eine Versöhnung, sondern man sollte sagen: »Es war, was es war, und das lassen wir jetzt mal«.

Wenn Eltern vergesslich, vielleicht dement werden, oder wenn man spürt, die Eltern können nicht mehr so – wie sollte man sich dann verhalten?

Man merkt ja, dass den Eltern manche Dinge schwerfallen. Machen Sie den Eltern dann Vorschläge, sie stückweise zu unterstützen. Vielleicht kann jemand in den Haushalt kommen. Vielleicht zum Putzen, oder zum Reden. Dann muss man überlegen: Geht es noch zu Hause oder nicht mehr?

Wird es zu gefährlich? Das sind natürlich furchtbare Überlegungen.

Alle Eltern wollen zu Hause bleiben und zu Hause sterben, aber als Kind hat man da eine Verantwortung. Eltern haben uns großgezogen, und nun muss man ihnen beistehen bei der Frage: Wie kann man in Würde alt werden? Manchmal muss man einen aus Elternsicht schlechten Entschluss fassen und handeln. Wenn die Menschen einmal in einer neuen Einrichtung sind, sind sie häufig zufrieden. Bis dahin kann es schwierig sein, weil man es den Eltern ja gerne recht machen möchte.

Ich finde es auch gut, jemanden extern um Rat zu fragen, vielleicht von einer Hilfseinrichtung, und von dort aus überprüfen zu lassen: Geht das noch allein? Diese Mitarbeiter sehen das ja distanzierter. Man kann sich da einfach Hilfe holen. Ich habe meine Mutter zu mir genommen, aber dann wurde es sehr anstrengend, und ein Arzt hat mir gesagt: »Du musst so mit ihr umgehen, dass du es noch zehn Jahre durchhältst.« Das war der beste Rat. Wenn es zu viel ist und man sein eigenes Leben zu sehr einschränken muss, nachts nicht mehr schlafen kann, dann muss man den Entschluss fassen: Es geht nicht mehr.

Es ist wichtig, dass nicht die sterben, die eigentlich noch gesund wären.

Wenn man der eigenen Vergänglichkeit, dem Tod näher rückt, gibt es dabei auch einen tröstlichen Gedanken?

Der eigene Tod beschäftigt Menschen mit fünfzig tatsächlich viel intensiver als später. Das ist ganz spannend. Ich glaube, am fünfzigsten Geburtstag denkt man über den Tod nach, weil man es sich noch leisten kann, weil der eigene Tod noch weit weg scheint. Aber es ist richtig, sich klar zu machen: Irgendwann sterbe ich. Man sollte überlegen: Was will ich noch?

Man hat das Recht, so zu altern, wie man altern möchte. Ich beispielsweise nehme mir nun mehr Zeit. Ich war ein sehr schneller Mensch. Nun mache ich viel Ferien und schaue auch gerne mal in den Garten, ganz bewusst, und denke: Was für ein schönes Licht. Ich denke schon, irgendwann werde ich dieses Leben nicht mehr haben, aber ich habe es eben auch gehabt.

Für ein gutes Sterben ist ein gutes Leben die beste Voraussetzung.

Fakten-check

ALTERN UND STERBEN

Die meisten Menschen sterben in Deutschland an **Herz-/ Kreislauferkrankungen**.[7]

Zweithäufigste **Todesursache** ist Krebs.[7]

In Baden-Württemberg ist die **Lebenserwartung** am höchsten.[7]

Die **Lebenserwartung** ist seit den Achtzigerjahren in Deutschland deutlich **gestiegen**. Durchschnittlich liegt sie für neugeborene Mädchen bei ca. 83 Jahren, für neugeborene Jungs bei ca. 78 Jahren.[19]

Die Anzahl **pflegebedürftiger Menschen** in Deutschland wird sich in den nächsten zwanzig Jahren voraussichtlich um etwa die Hälfte erhöhen.[7]

Etwa zweieinhalb Millionen Menschen sind in Deutschland auf Pflege angewiesen. **Demenz** ist eine der Hauptursachen von **Pflegebedürftigkeit.** Mehr als 70 Prozent aller Pflegefälle werden zu Hause mit Hilfe eines **ambulanten Dienstes** betreut.[7]

Rund 16 Prozent aller **Über-Achtzigjährigen** in Deutschland fühlen sich **einsam**.[7]

Frauen **mit fünfzig** leben **statistisch** noch 34 Jahre.[20]

Frage-
bogen

– GABRIELE –

56, verheiratet,
Biologin. Eine Tochter,
12 Jahre.

Wie haben Sie Ihren fünfzigsten Geburtstag gefeiert?

Meinen fünfzigsten Geburtstag habe ich mit mehr als einem halben Jahr Verspätung gefeiert, im Sommer am See, mit vielen Freunden und Verwandten. Bekannten habe ich erzählt, ich wolle einmal im Leben einen Sommergeburtstag draußen feiern, mit Menschen, die mir nahe stehen, dass ich erst meinen Frieden mit dieser Zahl machen will, bevor ich selbst einen Grund zum Feiern sehe.

Es hat also eine ganze Weile gedauert, bis ich halbwegs mit dieser Zahl zurechtkam. Und noch jetzt, sechs Jahre später, würde ich das Angebot annehmen, wieder vierzig sein zu können, wenn auch nicht zwanzig oder dreißig.

Wenn Sie in den Spiegel schauen, wen sehen Sie?

Im Spiegel sehe ich sie alle: Die Frau über fünfzig mit einigen Falten und möglichst selbstbewusst hochgerecktem Kinn, die glückliche Mutter über vierzig mit Baby, an meinem dreißigsten Geburtstag mittags allein im Café und dem Vorsatz, beruflich erfolgreich zu sein, den Teenager mit all seinen Träumen und Verwirrungen. Sie sind alle noch da.

Und in den letzten Jahren plötzlich wieder mehr die mit dem Spaß an der leicht anarchistischen Ader und Einsteins Vorsatz: »Wenn eine Idee nicht zuerst absurd erscheint, taugt sie nichts!«

Leben Sie so, wie sie es sich gewünscht haben?

Ja, ich liebe mein Leben. Bei dem aktuellen Lied »I love my Life«, singe ich gerne mit. Ich habe alles, was ich immer haben wollte: Einen Mann, auf den ich mich immer rückhaltlos verlassen kann, eine kluge und ausgelassene Tochter, ein Haus, in dem wir leben (bzw. ich in dem Garten), unsere zwei Jobs, in denen wir uns noch nie gelangweilt haben, ein Einkommen, das uns ermöglicht, was wir gerne haben oder tun wollen.

Ich hätte gerne beruflich mehr erreicht und auch erreichen können, wie ich heute weiß. Dafür habe ich die Weichen an manchen Stellen nicht konsequent genug gestellt. In einer beruflich besonders interessanten Zeit habe ich mich für meine neu geborene Tochter und ein Jahr zu Hause mit ihr entschieden, und das würde ich jederzeit wieder so machen. Erst spät habe ich begriffen, dass ich trotzdem zusätzlich im Job mehr kann und will.

Gesundheitlich nehmen die kleinen Einschränkungen erkennbar zu, und ich fange an zu ahnen, dass ich nicht für immer fit bleiben könnte.

Worauf sind Sie stolz?

Beruflich und finanziell habe ich mein Leben lang auf eigenen Füßen gestanden. Das macht mich innerlich unabhängig: Ich habe die Freiheit, bei dem Mann zu bleiben, den ich will, in der Kommunalpolitik sagen zu können, was ich richtig finde, und niemanden fragen zu müssen, wenn ich einen Schreibtisch oder eine Lampe kaufe. Ich bin stolz darauf, selbst erfolgreich in meinem Job zu sein und nie in meinem Leben nur »die Frau von …«

Mit meiner ungeheuren Hartnäckigkeit habe ich in meinem Leben alles bekommen, was ich wirklich wollte. Das kostet viel Kraft, aber ich habe nie akzeptiert, wenn andere meinten, etwas sei aussichtslos. Das hat bei mir immer ein »Jetzt erst recht« ausgelöst. Und wenn ich dann immer noch mit dem Kopf gegen die Wand renne, gibt plötzlich oft die Wand nach. Und das bringt dann das Gefühl, gesiegt zu haben.

Was war die größte Wendung in Ihrem Leben?

Es gab viele Ereignisse in meinem Leben, natürlich waren nicht alle gut: Die erste Liebe, die ersten Verluste, die schwierige Veränderung vom Studium zum Job, die Erfolge und Misserfolge im Beruf.

Die erste große Veränderung war für mich, die Kleinstadt zu verlassen, in der ich geboren wurde, und mit dem Studium einen großen Aufbruch in ein neues Leben zu wagen. Das hat meinen persönlichen Horizont erweitert und meine Einstellungen zu Menschen, zu Ideologien, zur Erreichbarkeit von Zielen verändert. Plötzlich habe ich gemerkt, dass ich Menschen aus anderen Ländern immer schon spannend gefunden habe. Und ich habe für mich immer wieder bestätigt gefunden, dass meine Lebensweise und meine Einstellungen nicht die einzig richtigen sind, sondern nur eine unter vielen möglichen.

Umgekrempelt hat mein Leben, als ich über vierzig dann doch noch ein Kind bekam, lange erhofft und nicht mehr erwartet. Wie wohl alle Eltern sage auch ich, dass nichts anderes mein Leben derart – zum Positiven – verändert hat. Nichts ist wie vorher, aber alles ist besser, und das wohl für das restliche Leben, wenn auch unterschiedlich in den verschiedenen Lebensphasen.

Was hat Sie rückblickend am meisten erschüttert?

Der Tod meiner Eltern hat mich aus der Bahn geworfen. Vollkommen überraschend von einer Sekunde auf die andere war das Leben meines Vaters zu Ende. Ich lebe damit, aber akzeptiert habe ich das – nach zehn Jahren – bis heute nicht. Meine Mutter durfte ich noch ein paar Jahre behalten. Auch sie vermisse ich heute noch und frage mich manchmal, ob ich mehr für sie hätte tun sollen oder können.

Wie wichtig sind Ihnen Liebe und Sex in dieser Lebensphase?

Ich habe das große Glück, dass Liebe und Sex für mich seit rund dreißig Jahren zusammengehören können. Das ist selten und so ein Glücksfall wie ein Lottogewinn, habe ich heute nach vielen Gesprächen den Eindruck.

Beides hat in meinen ersten aktiven Jahren nicht überragend gut funktioniert, das kam erst später.

Ich möchte Sex nicht missen, es ist ein sehr archaisches Bedürfnis, das sich in den letzten Jahrzehnten eigentlich kaum verändert hat. Ich kann auch nicht sagen, dass Sex mir nicht wichtig wäre. Wenn ich wählen müsste, wäre mir die Liebe wichtiger, aber ich muss mich nicht entscheiden, und das ist schön.

Was haben Sie sich für die nächsten Jahre vorgenommen?

Vielleicht wechsle ich noch mal den Job, wenn sich eine gute Gelegenheit bietet. Die Aufbruchstimmung, die ich bei vielen anderen um die fünfzig herum festgestellt habe, hat mich dann doch auch erwischt. Ich merke jetzt auch die Lust an der Veränderung. Und da meine Familie und meine Lebenssituation gut so sind, ist es am ehesten der Job, in dem ich etwas Neues anfangen könnte.

Und es sind immer wieder auch Menschen, die ich entweder Jahrzehnte kenne und die ich freiwillig nicht aus meinem Leben herauslasse. Oder auch solche, die ich neu kennenlerne und die ich spannend finde.

Besonders neugierig bin ich auf viele Orte in möglichst weit entfernten Ländern, die ich noch sehen und erleben will.

Beschreiben Sie Ihren Herzenswunsch?

Mein größter Wunsch ist es, dass unsere Tochter einen guten Start ins Leben bekommt und dann ein selbständiger, glücklicher und gradliniger Mensch wird.

Ich würde für mich selbst gerne beruflich noch einiges erreichen. Und auch noch die Gesundheit, die Zeit und den Mann haben, mit dem ich tatsächlich all die Fernreisen machen kann, die wir noch vorhaben.

Ich brauche keine Ferienhäuser in Kalifornien oder Klunker mit mehr als einigen Karat, aber ich möchte jetzt und später möglichst keine wirklich großen finanziellen Sorgen haben. Weiterhin in unserem Haus wohnen und außerdem weit und lange reisen zu dürfen, sind schon große Privilegien aus meiner Sicht, und ich würde es – wörtlich – wirklich toll finden, wenn das noch lange und oft klappt.

Was ist Ihre wichtigste Erkenntnis in dieser Lebensphase?

Ich streite mich gerne mit Leidenschaft um Dinge, die mir wichtig sind, wie zum Beispiel Naturschutz oder die Bedingungen in unseren Schulen.

Und es fällt mir so langsam etwas leichter, nicht mehr auf jede Provokation oder Konkurrenz im Beruf einzusteigen oder auf Ungerechtigkeiten zu reagieren und mit fliegenden Fahnen in jeden heiligen Krieg zu ziehen …

Mir liegen viele Menschen in der Familie und im Freundeskreis am Herzen, und sie sind wichtig. Und es gibt eben auch die Menschen, die sich nicht lohnen, dass man sich mit ihnen befasst, nicht einmal im Streit.

Das Leben und die Zeit sind endlich, und es liegt an mir, das Beste daraus zu machen.

Was tut Ihnen heute gut?

Gut ist es heute, mehr als früher auf mein Bauchgefühl zu hören und ihm zu vertrauen, egal, was andere sagen. In den zurückliegenden Jahrzehnten habe ich manchmal zu vernünftig reagiert und dann vernünftige Lösungen gefunden und nicht die, die mein Herz erwärmt hätten. Das versuche ich zu intensivieren.

Als Naturwissenschaftlerin habe ich in meinem Leben meistens getan, was objektiv gut für mich und andere war. Heute sind Gefühle für mich viel wichtiger geworden: Liebe, Freundschaft, Wut, Eifersucht, Erfolg, Glück, Trauer … das sind die eigentlichen Triebfedern im Leben, und das habe ich erst spät verstanden. Heute will ich das nicht mehr missen.

Gut tut mir, zu dem zu stehen, was ich bin und was ich will. Und wenn meine Meinungen oder Entscheidungen in manchen Fällen anderen (oder sogar mir) auch mal zunächst abstrus erscheinen, dann zählt eigentlich nur, ob das kongruent mit meinen Gefühlen ist, sonst nichts.

Was beflügelt Sie?

Es gibt zwei Dinge, die mich persönlich beflügeln: Zum Einen den Koffer oder den Rucksack zu packen für eine Fernreise und zum Anderen, mich mit vollem Einsatz in eine Auseinandersetzung zu werfen, die es verdient.

Ich streite beruflich und politisch und privat gerne für meine Naturschutz- und Entwicklungshilfeprojekte, und ich genieße den Erfolg, wenn wieder die Zusage für Hunderttausende von Euro an Fördermitteln kommt. (Den begeisterten Luftsprung mache ich meistens nur innerlich, weil es oft nicht passt, aber das ist gar nicht so wichtig.)

In meinem Büro hängt ein (kleines) Foto von meiner Familie, und ich freue mich, dort meine sichere Basis zu haben. Und ein Artikel über eine Krankenstation in Burkina Faso, deren Bau wir mit mehreren Frauen unterstützt haben. Und Pläne von den Naturschutzgebieten und Bächen, bei deren Schutz oder Wiederherstellung ich helfen durfte.

Und zu Hause hängt eine Weltkarte mit gar nicht so wenigen roten Punkten, die die Länder markieren, in denen ich bereits war. Die Flächen zwischen den Punkten beflügeln meine Fantasie und mein Fernweh, und ich weiß, dass ich noch viel reisen will.

Fragebogen

– URSULA –

54, verheiratet, Betriebswirtin.
Eine Tochter, 21 Jahre.

Wie haben Sie Ihren fünfzigsten Geburtstag gefeiert?

Ich verbrachte ein wunderschönes Wochenende mit meinen engsten Freunden an einem meiner Lieblingsorte in Italien. Am Vorabend meines Geburtstags fand die eigentliche Feier in einem Restaurant mit Musik, leckerem Essen, Wein und jeder Menge guter Laune satt. Um Mitternacht überraschte mich mein Mann mit einem herrlichen Feuerwerk. Ich hatte einen traumhaft schönen fünfzigsten Geburtstag.

Wenn Sie in den Spiegel schauen – wen sehen Sie?

Eine Frau ü50, die sich eigentlich ganz gut gehalten hat ☺.

Leben Sie so, wie Sie es sich gewünscht haben?

Ich habe mich Jahrzehnte um die Liebe und Anerkennung meiner Eltern bemüht. Um ihren Erwartungen zu entsprechen, habe ich ein Leben geführt, das sich an den Vorstellungen meiner Eltern orientierte und nicht an meinen eigenen. Leider war ich viel zu lange blind für diese Tatsache. Erst als mich eng aufeinander private Schicksalsschläge und berufliche Tiefschläge aus der Bahn zu werfen drohten, ist es mir gelungen, dieses Muster zu erkennen und schließlich zu durchbrechen. Seitdem sind nun einige Jahre vergangen und ich habe gelernt, mich selbst zu akzeptieren/zu lieben, wie ich bin, und meine eigenen Vorstellungen in den Vordergrund zu stellen. So komme ich meiner Wunschvorstellung von Leben nun Schritt für Schritt näher.

Worauf sind Sie stolz?

Besonders stolz bin ich auf zwei Dinge.

Auf meine Familie. Meine Tochter ist zu einer wunderbaren jungen Frau geworden, und mein Mann und ich führen seit mehr als dreißig Jahren eine liebe- und vertrauensvolle Beziehung (auch wenn es mal auf und ab ging).

Auf mein Durchhaltevermögen, das mich Jahre mit schweren Schicksalsschlägen hat überstehen lassen und mich im Rückblick stark gemacht hat.

Was war die größte Wendung in Ihrem Leben?

Innerhalb von fünf Jahren starben fünf meiner engsten Angehörigen (Vater, Mutter, Schwester, Schwager und Schwiegervater). Dadurch veränderte sich mein Leben schlagartig. Zusätzlich zu meinen Aufgaben in Familie und Beruf und ungeachtet meiner eigenen Trauer musste ich die Verantwortung für Aufgaben übernehmen, die mich vor ungeahnte Herausforderungen stellten. Zum Beispiel innerhalb weniger Tage eine häusliche Vierundzwanzig-Stunden-Pflege für einen pflegebedürftigen Elternteil zu organisieren, stets für die Pflegekräfte ansprechbar zu sein und Probleme gemeinsam mit ihnen anzugehen und so die Pflege langfristig sicherzustellen. Eine Betriebsauflösung abzuwickeln, durch die langjährige Mitarbeiter arbeitslos wurden. Wohnungen voll mit persönlichen Erinnerungen zu räumen. Gleichzeitig anderen Familienmitgliedern in ihrer Trauer eine Stütze zu sein.

Was hat Sie rückblickend am meisten erschüttert?

Die eben beschriebene Situation ging nicht spurlos an mir vorüber. Entsprechend blieben gesundheitliche Probleme nicht aus. Diese wiederum wurden zum Auslöser beruflicher Schwierigkeiten, die sich erneut in weiteren gesundheitlichen Einschränkungen niederschlugen. Alles in allem habe ich hierdurch das Gefühl, Jahre meines eigenen Lebens eingebüßt zu haben.

Wie wichtig sind Ihnen Liebe und Sex in dieser Lebensphase?

Liebe hat klar die höhere Bedeutung. Sex gehört dazu und ist auch in einer langjährigen Beziehung wichtig, hat aber natürlich eine andere Relevanz als mit zwanzig oder dreißig bzw. zu Beginn einer Beziehung. Wichtigkeit definiert sich dabei nicht (mehr) über Häufigkeit.

Was haben Sie sich für die nächsten Jahre vorgenommen?

Immer daran denken, welches Geschenk das Leben ist. Sich weniger über Nichtigkeiten und Dinge, die man nicht ändern kann, aufregen. Ganz bewusst leben und genießen.

Beschreiben Sie Ihren Herzenswunsch?

Ein langes, glückliches Leben bei guter Gesundheit gemeinsam mit meinem Mann, meiner Tochter und meinen Freunden.

Was ist Ihre wichtigste Erkenntnis in dieser Lebensphase?

Carpe diem.

Was tut Ihnen heute gut? Was beflügelt Sie?

Mit den Menschen zusammen zu sein, die mir wichtig sind (mein Mann, meine Tochter, meine Freunde) und meine Freude am Leben mit ihnen zu teilen. Freunde zu haben, auf die ich mich verlassen kann und die in jeder Situation zu mir stehen und für mich da sind.

Fragebogen

– BARBARA –

50, verheiratet, Psychologin.

Wie haben Sie Ihren fünfzigsten Geburtstag gefeiert?

Mit einer entspannten Feier im Freundeskreis bei uns zu Hause. Gutes Essen, feiner Wein, Musik, nette Gespräche… Eigentlich wie ich schon viele Geburtstage gefeiert habe. Mein Mann und ich haben erst letztes Jahr geheiratet, im Rahmen eines großen, wunderbaren Festes. Vielleicht war ich davon noch »satt« und hatte ich deswegen kein Bedürfnis, den Fünfzigsten besonders schick oder aufwendig zu feiern.

Wenn Sie in den Spiegel schauen – wen sehen Sie?

Wenn ich absichtlich in den Spiegel schaue, dann sehe ich eine attraktive, positiv wirkende Frau, der ich gern zurücklächle. Was mich dagegen immer mehr erschreckt, ist der unabsichtliche Blick in den Spiegel. Überraschend, z. B. in einem Schaufenster oder – worst case – auf dem Blitzer-Foto der Verkehrskontrolle. Da sehe ich eine ganz andere Person. Eine mit herabhängenden Mundwinkeln, tiefen Nasalfalten und harten Gesichtszügen. Mein Selbstbewusstsein braucht jedes Mal Tage, um sich davon zu erholen.

Leben Sie so, wie Sie es sich gewünscht haben?

Ja, tatsächlich. Eigentlich sogar besser. Meine Wünsche waren gar nicht so konkret, soweit ich mich erinnern kann. Ich glaube, ich wollte in erster Linie glücklich werden. Und vor allem nicht so leben wie meine Eltern. Ich glaube, ich hatte konkretere Vorstellungen, wie ich NICHT leben wollte, als davon, wie ich leben wollte.

Worauf sind Sie stolz?

Auf die Gefahr hin, dass es eingebildet klingt: auf mich. Ich finde mich inzwischen richtig gut. Natürlich nicht immer und in jeder Hinsicht. Aber so generell. Das ist großartig, denn das war nicht immer so. Ich war als junge Frau gehemmt, hatte viele innere Nöte und Konflikte und habe es mir und der Welt oft schwergemacht. Wenn ich daran denke, würde ich am liebsten in der Zeit zurückreisen und mir selbst beistehen.

Was war die größte Wendung in Ihrem Leben?

Mein erster Mann war eine schillernde Persönlichkeit. Künstler, Trinker, viel Licht, viel Schatten. Die Ehe hielt nicht lange und war mehr als unkonventionell. Aber wofür ich ihm immer dankbar sein werde, ist die ganz andere Art von Leben, die er mir gezeigt hat. Ein neugieriges, leidenschaftliches, lebendiges, zugreifendes, über Grenzen springendes Leben. Er hat mir eine Tür aufgestoßen, die sich nie wieder schloss.

Was hat Sie rückblickend am meisten erschüttert?

Gott sei Dank gab es bis heute keine wirklichen Katastrophen in meinem Leben. Das Schicksal hat es bislang gut mit mir gemeint. Tatsächlich war die verzweifeltste, unglücklichste Phase in meinem Leben die Zeit nach dem Verlust meiner ersten großen Liebe. Etwas, worüber ich heute nur noch den Kopf schütteln kann. Damals aber das Ende der Welt für mich. Unglück ist anscheinend sehr subjektiv.

So etwas wie eine Lebenssinnkrise hatte ich Mitte dreißig. Als mir mehr und mehr klar wurde, dass ich einfach keine Kinder möchte. Ich habe mich damit selbst überrascht. Ich dachte irgendwie, dass der Kinderwunsch schon irgendwann käme. Als ich mir schließlich sicher war, dass ich kinderlos bleiben möchte, hatte ich plötzlich ein großes Fragezeichen in meinem Leben. Als würde ich in einem schönen leeren Zimmer stehen und keine Ahnung haben, wie ich es nun einrichten möchte. Was ich mit meinem Leben machen möchte. Was der Sinn meines Lebens sein könnte. Ich denke, Mütter tun sich da bedeutend leichter mit dem Lebenssinn.

Wie wichtig ist Ihnen Liebe und Sex in dieser Lebensphase?

Liebe ist mir unendlich wichtig. Ich will Liebe geben und fühle mich tausendmal stärker, wenn ich geliebt werde. Ehrlich gesagt erschreckt es mich manchmal, wie abhängig ich von Liebe bin.

Sex ist für mich ultimative Intimität und Vertrautheit. Die gierige, hitzige Lust vom Anfang unserer Beziehung ist mit der Zeit wohliger, gelassener, sicherer geworden. Ich glaube aber weniger, dass das unser Alter widerspiegelt, sondern eher den Reifezustand unserer Beziehung.

Was haben Sie sich für die nächsten Jahre vorgenommen?

Auch wenn es abgedroschen klingt: Das Leben jeden Tag bewusst zu genießen und nichts (Schönes wie Konflikte) auf die lange Bank zu schieben. Ein guter Freund ist vor kurzem völlig überraschend gestorben. Neben der Trauer um ihn fühle ich mich dadurch auch noch mal aufgerüttelt. Ich will nicht irgendwann bedauern, was ich alles nicht gemacht habe.

Beschreiben Sie Ihren Herzenswunsch?

Da fällt mir keine rechte Antwort ein. Den einen Herzenswunsch habe ich offenbar nicht. Ich wünsche mir, dass das große Glück, das ich bisher im Leben hatte, mich nicht verlässt. Und: dass ich immer Freunde habe, auf die ich zählen kann.

Was ist Ihre wichtigste Erkenntnis in dieser Lebensphase?

Die Endlichkeit des Lebens. Dass ich sterben werde, nicht für immer weiterleben werde. Das habe ich natürlich theoretisch schon früher gewusst. Aber richtig bewusst war mir das nicht. Diese Erkenntnis dämmert mir erst langsam. Und macht das Leben noch einmal viel, viel wertvoller. Ich bemühe mich, mir keinen Druck zu machen, was ich unbedingt noch alles reinpacken muss in mein Leben. Aber ich bin ein großer Ja-Sager zu allem, was sich mir an Möglichkeiten bietet.

Und: weil mein Leben inzwischen so schön ist und ich mich so wohl fühle darin, möchte ich, dass es noch eine gute Weile nicht vorbei ist. Das lässt mich mehr auf meinen Körper achten als früher. Ich will ja noch lange in ihm wohnen.

Was tut Ihnen heute gut? Was beflügelt Sie?

Och, mir tut ganz vieles gut. Gute Gespräche mit Freunden, gemeinsames Kochen und Essen, schöne Musik, Kunst, die Aufmerksamkeit von meinem Mann, Joggen im Wald, Gassi gehen mit einem Hund, und vieles mehr.

Was mich beflügelt, ist das Gefühl, jemanden zu unterstützen, weiterbringen zu können. Zum Beispiel im Beruf junge Kollegen. Es macht mich stolz und freut mich unbändig, wenn sie mit meiner Hilfe besser werden und sich besser fühlen. Flügel verleihen beflügelt mich.

SEX, LUST UND LEIDENSCHAFT

»Durch die Leidenschaften lebt der Mensch, durch die Vernunft existiert er bloß.«

– Nicolas Chamfort

Also – meinen Dildo habe ich neulich weggeworfen. Sexspielzeug habe ich jetzt ausgemustert. Vibratoren waren mal ein beliebtes Geburtstagsgeschenk. Zum Vierzigsten habe ich den bekommen. Da waren die Dinger gerade besonders schick, oder vielleicht standen sie symbolisch für eine Art der späten sexuellen Befreiung.

Zahlreiche Freundinnen schwärmten von Lustkugeln, Liebesperlen und lustig geformten Zauberstäben, die sie beim letzten Besuch im Sexshop gekauft hatten. Mir war das zugegebenermaßen ein wenig fremd, obwohl ich mich grundsätzlich eigentlich gar nicht als prüde eingestuft hatte (okay – wer tut das schon?). Jedenfalls erinnere ich mich noch an mein innerliches Erstarren und Erstaunen, als eine Freundin eine ganze Schachtel mit mir bis dahin völlig fremd gewesenen Liebes-Accessoires ans Tageslicht zauberte. Was hatte die denn da? Hatte ich das alles verpasst? Grüne Gewächse mit doppelter Gabel, schwarz-genoppte Riesendinger, wild rotierende fleischfarbene Penisse. Irgendwelche Kling-Klang-Kugel-Ketten, deren Anwendung mir lange ein Rätsel war. Ich betrachtete die Kollektion und war beeindruckt von dieser sexuellen Freiheit, diesem starken, positiven Selbstbewusstsein meiner Freundin. »Damit kann ich ganz wunderbar kommen«, schwärmte sie mir vor, und dass sie darauf nicht verzichten wolle, nur weil sie gerade Single sei. Recht hatte sie.

Trotzdem, jetzt mit fünfzig plus wollte ich jedenfalls meinen silber-schwarzen, noppenfreien, eher eleganten Vibrator endlich loswerden. Verborgen hinter der Sockenschublade lag er seit Jahren unberührt und hatte sich irgendwie überlebt …

Aber heißt das jetzt, die lustvollen Zeiten sind vorbei? Sicher nicht.

Aber der Sex wandelt sich im Zuge der Jahrzehnte, so wie das Leben selbst. Jede von uns kann das ja an sich beobachten. Jede wird ihre wilden, ihre zögerlichen, ihre intensiven, ihre schwachen und ihre sehnsuchtsvollen Phasen haben und gehabt haben, oder?

Für mich jedenfalls ist Sex heute eher entspannt und stressfrei. Eine Freude. Vorbei das Gerangel um Orgasmen. Es gibt keine Wettkämpfe um Lustgewinn mehr. Keine Wahnsinnsverrenkungen, um unglaublich galant-lasziv auch die letzte Kamasutra-Position auszuprobieren. Die drei Tage Muskelkater oder blaue Flecken – die haben wir früher vielleicht gerne in Kauf genommen für eine heiße Nacht, waren vielleicht sogar stolz drauf, weil sie der sichtbare Beweis der gelebten Leidenschaft waren. Heute kann Sex all das immer noch sein, aber nicht um jeden Preis, und nicht für jeden.

Ab fünfzig haben viele endlich den Mut zu sagen, was ihnen Lust verschafft, und all das – falls nötig – auch dem Partner zu zeigen. Die peinlich verschämten Zeiten sind für die meisten von uns doch endgültig vorbei. Jedenfalls sollte man das meinen.

Wie herrlich befreiend, wenn der Bauch ein wenig schwabbeln darf und auch der Busen nicht mehr stramm sitzen muss. Dem liebevollen Akt ist das einfach egal – und ich jedenfalls finde es heute eher lustig, wenn das Fleisch laut Beifall klatscht. Es ist dann einfach so, auch wenn es zugegebenenermaßen nicht jeden Tag leicht fällt, schlaffe Haut und Speckrollen zu akzeptieren. Es hilft ja nichts, höchstens schummriges Licht.

Gerade in gewachsenen Beziehungen darf jeder so sein, wie er ist – dicker, älter, ein wenig aus der Form geraten. So höre ich es oft. Aber ob dies wirklich stimmt? Ganz ehrlich – mich stören Bierbauch, Dellen am Schenkel und auch die Falten. Aber am Ende zählen eben doch der vertraute Geruch, das ganz nahe Beieinandersein, das beide wollen und immer noch spüren. Ich kann für mich nur sagen, manchmal ist der Sex halt eingespielt, die Dramaturgie keine Überraschung – und doch macht er Spaß.

Einen Mann allerdings brauche ich für meinen Lustgewinn gar nicht mehr – das betonen nicht wenige meiner Freundinnen. Denn das geht alles auch ohne. Vielleicht manchmal sogar schöner, schneller und unkomplizierter. Ein Orgasmus to go quasi. Wunderbar, oder? Manche haben mit sich selbst mehr Spaß als mit ihrem langweiligen Ehemann. Ob einen das innerlich auf Dauer erfüllt, steht auf einem anderen Blatt.

»Sex wird überbewertet.«

– Audrey Hepburn

Und doch ist Sex bei Weitem nicht alles. Vor die Wahl gestellt, stehen Nähe, Vertrauen und Geborgenheit für die meisten von uns wohl in diesem Lebensabschnitt höher im Kurs. Ich kenne Paare, langjährige Partnerschaften, bei denen Vertrautheit, Komplizenschaft, Innigkeit, eine im besten Sinne gelebte Zweisamkeit eine Qualität hat, die Sex so vielleicht niemals erreicht. In ihren Beziehungen schwirrt sehr wohl auch Flirrendes mit – im Alltag, auf Reisen, in Gesprächen. So wie sie einander beflirten, zuhören, erstaunt und verblüfft sind, in ihrem Kokon eingehüllt, selbst- und weltvergessen, einander ganz nah. Diese belebende, überschäumende Seelenverwandtschaft ist auf ihre eigene Art durchaus sexy. Wirklich miteinander schlafen – der Geschlechtsakt an sich – das ist bei diesen Paaren eine seltene Ausnahme.

Auch überhaupt keinen Sex zu haben, ist angeblich kein Drama mehr. Dann eben nicht, so sagen es mir einige Freundinnen. Sie glauben, sicher zu sein, Frauen könnten sich Sex auch einfach abgewöhnen.

Denn gerade in diesem Jahrzehnt lässt bei manchen Frauen die Lust spürbar nach, körperliche Begehrlichkeiten verblassen – egal ob sie früher die größten Feger waren.

Eine Freundin konnte früher nie genug kriegen und nutzte jede Gelegenheit für wilde Nächte. Seit sie sich durch die Wechseljahre plagt und die Hormone untertauchen, ist ihre Lust dahin. Sex interessiert sie schlichtweg nicht mehr, auch wenn sie ihn noch haben könnte. Das zu sagen und zu leben ist wohl ein Tabu in unserem Alter, in dem wir doch alle noch nicht zum alten Eisen gehören wollen. Denn Sex zu haben, steht in der Gesellschaft für Jugendlichkeit.

Sicher ist, dass manche von uns tatsächlich keinen Sex mehr haben, und das, obwohl wir in einer übersexualisierten Welt leben – oder gerade deswegen? Viele leben in einer Ehe oder Partnerschaft und klammern jede intime Annäherung aus. Wirklich unglücklich fühlen sie sich aber dennoch nicht. So sagen sie es jedenfalls.

Bei einem befreundeten Paar hatte das fehlende Sexleben anfangs auch mit den Kindern zu tun. Sie schliefen gerne auf der Mittelritze des Ehebetts, erst nur hin und wieder, später dann eigentlich fast immer. Als der Nachwuchs dann doch endlich im eigenen Bett schlafen wollte, einigte man sich auf getrennte Schlafzimmer. Zum Einen, weil es praktisch war, jeder seine Ruhe hatte, kein Wälzen, kein Schnarchen den anderen störte, aber dann irgendwann fanden sie den Neuanfang nicht mehr. Räumlich entfernt voneinander bot sich so auch nicht zufällig die Chance auf nächtliches Kuscheln. Unauffällig, schleichend, unspektakulär blieb das Liebesleben dieses Paares auf der Strecke, und alles kreiste nur noch um die Kinder. Sie waren ein eingespieltes Team und wollten diesen Zusammenhalt, die Familie nicht aufgeben. Bis heute nicht – seit fast fünfzehn Jahren schlafen sie nun schon in getrennten Zimmern. Ob sie ein Agreement geschlossen haben, daüber, welchen Preis sie zahlen, um ihren gemeinsamen Alltag zu sichern, das haben sie uns nicht verraten. Es ist wohl ein stillschweigendes Übereinkommen: über mögliche Affären, Seitensprünge oder Bordellbesuche wird nicht gesprochen.

»Wenn eine Frau die Zärtlichkeit rationiert, geht der Mann auf den schwarzen Markt.«

— Senta Berger

Eine andere Freundin hat auch schon lange keinen ehelichen Sex mehr. Neulich kam plötzlich ein Mahnbescheid – unbezahlte Rechnungen für Videos. Pornos, wie sich herausstellte. Aber anstatt mit ihrem Mann zu sprechen, hat sie die Geschichte dahinter einfach ignoriert. Manchmal brodelt es wohl im Verborgenen, auch wenn alles friedlich scheint.

Ob also der Verzicht auf Sex tatsächlich funktionieren kann? Verschieben sich für die Frau mit den Wechseljahren die Prioritäten?

Und was, wenn es wirklich so wäre? Die Frage nach dem Warum muss sich wohl jeder selbst stellen und für sich beantworten. Was gut, was richtig und was falsch ist: beim Thema Sex diskutiert die innere Stimme ihre individuelle Wahrheit – alleine mit sich und ganz intim.

Trägt nicht jede von uns unbestimmte Sehnsüchte wie einen Schatz durchs Leben? Sehnsüchte und Bilder im Kopf, die uns stetig begleiten, die unsere Fantasie anregen, die uns schmunzeln lassen, aber auf jeden Fall nur uns gehören? Träumen ist etwas Wunderbares. Und ehrlich gesagt, die Vorstellung von Etwas kann zuweilen schöner sein als die Realität selbst, oder denken Sie da anders? Die Abenteuer im Kopf beanspruchen keinen Platz, keine Handlung im Alltag, sie funktionieren immer. Befriedigen allerdings nur bedingt.

Manche Frauen jedenfalls möchten eben in dieser Lebensphase einfach lieber in Ruhe gelassen werden, erzählen sie mir. Statt Sex wollen sie ganz ehrlich lieber das wirklich spannende, gute Buch lesen, den neuen Film gucken, oder sich einfach total entspannt quer im Bett räkeln. Dieses Ausklammern von Körperlichkeit scheint für viele zu funktionieren. Aber reicht das für eine Ehe, eine Liebesbeziehung?

Ich kenne etliche Frauen, die nur mit ihren Männern schlafen, weil diese sie so innig darum bitten und einfach nicht locker lassen. Samstagsabends nach der Party, dann, wenn die Hände begierig an ihre Brüste wandern; oder in der Früh, wenn der kraftvolle Quickie einen gelungenen Start in den Sonntag versprechen soll. Mit Romantik hat das – für die Frauen jedenfalls – nicht viel zu tun. Es sind eher geduldete Rituale, damit die Stimmung zu Hause gut und entspannt ist. Eine Qual sei es nicht, berichten sie, aber eben auch keine große Freude: Denn da kann es schon mal vorkommen, dass ihnen der letzte Disput im Job oder schlichtweg die schnöde Agenda des Tages durch den Kopf gehen, während der Mann über ihnen gerade zum Orgasmushimmel aufsteigt.

»Beim Liebesspiel ist es wie beim Autofahren. Die Frauen mögen die Umleitung – die Männer die Abkürzung.«

— Jeanne Moreau

Haben denn viele von uns tatsächlich im Laufe der Jahre weniger Lust? Oder liegt es an eingefahrenen Bahnen? Leben wir aus lauter Bequemlichkeit in den immer selben Mustern?

Natürlich: Sex am Sonntagmorgen kann auch ganz wunderbar sein. Dann nämlich, wenn beide sich darauf freuen. Dann gibt es auch noch nach Jahren diese wirklich erregenden Momente, oder nicht?

»Versuchungen sollte man nachgeben. Wer weiß, ob sie wiederkommen.«

— Oscar Wilde

Ein befreundetes Ehepaar hatte seit Jahren schon keinen Sex mehr. Ihre Beziehung war innig, aber der Sex war mit den Jahren eingeschlafen, verkümmert und hatte sich schließlich ganz aus ihrem Leben geschlichen. Die beiden aber wollten sich damit nicht abfinden.

Sie wollten etwas Neues ausprobieren, etwas Aufregendes und trauten sich in einen Swingerclub, um das, was vor Jahren verschwunden war, wieder zu erwecken. Am Anfang saßen sie beschämt an der Bar. Oben ohne, so wie es dort üblich ist. Um sie herum Paare und Singles, viele über fünfzig in Strings und Reizwäsche. Es gab dort Eisgrotten, Fetisch-Höhlen, Sadomasoräume und kuschlige Ecken für Club-Neulinge.

*»Sex ist nur schmutzig,
wenn er richtig gemacht wird.«*

– Woody Allen

Es brauchte ein paar Besuche, bis sie sich als Paar auf diese geheime Welt einlassen konnten. Eines Abends wollten sie nicht länger zuschauen, sondern mitmachen. Ihr Mann begann, eine fremde Frau zu berühren. Direkt und offensiv. Zunächst war unsere Freundin irritiert, aber dann ließ sie sich auf das Spiel ein. Eine lange verborgene, unbändige Lust, eine regelrechte Geilheit erfasste sie. Und als der Begleiter der Fremden hinzukam, trieben sie es schließlich zu viert. Seitdem ist ihr Sexleben tatsächlich wieder entflammt. Auch zu zweit. Zu Hause. Auf das Abenteuer Swingerclub lassen sie sich nur noch sporadisch ein.

Ja, für die beiden ist das Experiment geglückt. Aber viele mag diese Spielart der Liebe so gar nicht locken. Sex mit Fremden, Sex ohne Liebe scheint für sie undenkbar. Und doch ist der Sex, den sie haben, eher unbefriedigend.

Vielleicht verdrängen manche von uns ja auch dieses innere Feuer? Doch irgendwo muss es noch auf leiser Flamme schwelen. Denn spätestens nach dem zweiten Gin Tonic unter Freundinnen an der Bar landet das Gespräch bei Sex und geheimen Sehnsüchten. Dann plaudert so manch eine ganz unverhohlen aus dem Nähkästchen, erzählt von dem One-Night-Stand mit dem Kollegen bei der letzten Geschäftsreise oder dem Dirtytalk im Internetportal. Und als Zuhörerin schwanke ich zwischen Ungläubigkeit und Faszination.

Klar, es gibt zwar viele Internetportale für Gelegenheitssex, für diese unverbindlichen Verabredungen zur körperlichen Befriedigung. Aber so einige Frauen ziehen offenbar ein anderes Modell vor: die maßgeschneiderte, die veredelte Zuwendung auf ihre ganz speziellen Bedürfnisse. Ein Callboy, mit dem sie eine Art geheimen, dunklen und bei Bedarf auch schmutzigen »Wellnesstag« voller Begierde verbringen. Weit weg von jeglicher Norm, ohne Scham, ohne Peinlichkeiten. Ein Tag, der außerhalb ihrer Welt liegt und wohl so herrlich anmutet, weil es eine lustvolle Auszeit im Verborgenen ist.

Eine Freundin von uns, seit kurzem getrennt und auf den ersten Blick eine sympathische, gut aussehende fünfundfünfzigjährige Frau, plauderte eines Nachts folgende Geschichte aus (es sei hinzugefügt, diesmal war es nicht der zweite, sondern der vierte Gin Tonic, der für die Redseligkeit sorgte):

Es war ein Donnerstagnachmittag. Unsere Freundin war um 16 Uhr mit Tristan in einem Café verabredet. Tristan war damals einunddreißig und arbeitete als Callboy für eine Begleitagentur. Seit er ein junger Mann war, fühlte er sich zu älteren Frauen hingezogen, machte schließlich ein Geschäft daraus und bot seine Dienste als Callboy im Internet an. Er – groß, dunkle Haare, hübsch und gut gebaut. Sein Credo war: Die Chemie muss stimmen. Also traf er sich mit den Frauen, die ihn kontaktierten, (die meisten, die er traf und trifft sind übrigens zwischen – tja, zwischen fünfzig und sechzig), und zwar zuerst auf einen Kaffee. Für ihn und unsere Freundin war die Sache schnell klar. Sie verabredeten sich für Samstag. Fünf Stunden verbrachten sie gemeinsam in einem Hotelzimmer. Fünf Stunden, in denen sie ihre sexuellen Wünsche klar formulieren konnte. Sie war plötzlich die Chefin, sie machte lustvolle Ansagen, was, wann, wie zu passieren hatte. Und Tristan gehorchte hingebungsvoll. Er bot ihr offenbar sexuelles Neuland, das sie so nicht kannte. Und sie selbst war hemmungslos, wie nie zuvor. Sie schrie, sie tobte und wütete. Sie sagt, das Fremde habe sie in diesen Stunden geschützt und absolut befreit. Da war die Rede von Rollenspielen, von Experimenten, von unbändiger Lust und sexueller Gier. Am Ende zahlte sie 1000 Euro. Ob sie Tristan je wiedersah beziehungsweise nochmals buchte, hat sie uns bis heute nicht verraten.

Jede Frau begehrt anders, unsere Sehnsüchte tragen uns durch die Jahre. Manche leben wir aus, manche bleiben in uns verborgen. Viele Frauen empfinden Sex als natürliches Bedürfnis und stehen dazu. Sie gönnen sich, so wie andere ein gutes Essen, hin und wieder eine prickelnde Erfahrung. Und so viel ist wohl sicher: Wenn sie keinen passenden Gefährten oder kein passendes Abenteuer finden, machen sie es sich mit Wonne eben selbst.

Interview

– DR. BEATRICE WAGNER –

Sexualtherapeutin

Verändert sich der Umgang mit dem Thema Sex ab fünfzig?

Einige Frauen glauben, mit dem Wechsel ende auch der Sex und man gehöre zum alten Eisen. Aber warum Sex dann plötzlich so anders gesehen wird, kann ich mir eigentlich gar nicht erklären. Die Frauen müssten doch aus eigener Erfahrung heraus wissen, es verändert sich doch gar nicht so viel. Aber: wer schon früher kein gutes Verhältnis zum Sex hatte oder in einer unglücklichen Partnerschaft lebt, der sagt vielleicht jetzt: »Okay, es reicht – das Thema ist durch.«

Wer dagegen früher schon lustvoll war, der hat jetzt die Chance, nochmal in die Vollen zu greifen. Verhütung ist ja kein Thema mehr, die Kinder sind aus dem Haus, die Frau kennt sich. Insofern ist diese Zeit um die Wechseljahre beides: Eine Chance für mehr, aber auch eine Chance, vielleicht unbeschadet aus dem Thema Sex herauszukommen.

Sind Lust und Sex vielleicht auch eine Typsache?

Wer früher prüde war und mit der ganzen Körperlichkeit nichts anfangen konnte, der wird das jetzt in dieser Lebensphase noch stärker so empfinden. Wer früher aber eher experimentierfreudig und sinnlich war, der verliert seine Lust vermutlich nicht komplett. Diese Erfahrung mache ich jedenfalls in meiner Praxis.

Ich habe mich gerade mit einer Zweiundsiebzigjährigen unterhalten, die sagt, sie sei so verliebt und habe Orgasmen wie nie zuvor. Es liegt eben im Menschen selbst und in seiner Einstellung. Wenn man bislang so gar nichts mit dem Thema Lust anfangen konnte, dann ist es vielleicht schwer, sich anzunähern. Allerdings mache ich in meiner Praxis die Erfahrung, dass nichts unmöglich ist – vor allem, wenn Frauen den richtigen Partner treffen, wenn sie den »Gnadensex« abstellen. Jede Frau hat zu jeder Zeit – natürlich auch ab fünfzig – die Chance, lustvollen Sex zu erleben und sich dabei neu zu entdecken. Wenn sie das will.

Ein gutes Stichwort: »Gnadensex« – wir haben immer wieder gehört, dass Frauen sich hingeben, ohne innerlich so ganz bei der Sache zu sein, vielleicht sogar den letzten Sex hatten, als die Kinder gezeugt wurden, und das ist für die meisten ab fünfzig ja schon ziemlich lange her?

Ja, das ist furchtbar, ich höre das auch sehr häufig. Das ist für beide nicht schön. Der Mann hat dabei vielleicht die

Triebbefriedigung und kann abspritzen. Aber er merkt ja auch, dass die Frau nicht bei der Sache ist. Schön ist das nicht. Und für die Frau kann es nicht schön sein, dass sie die Beine spreizt und an etwas anderes denkt – sie wird ja regelrecht missbraucht in dem Moment. Das hinterlässt Spuren und unterschwellig das Gefühl: »Hach, merkt der denn das nicht, und was mache ich hier eigentlich?« So distanziert sie sich innerlich immer weiter von dem Partner und gleichzeitig auch von sich selbst.

Doch etliche Frauen zwischen fünfzig und sechzig sagen uns, sie hätten schlichtweg keine Lust mehr auf Sex und ließen es einfach geschehen.

Diese Frauen haben einfach keine Lust mehr auf diese Art von Sex; keine Lust mehr, mit einem Partner zu schlafen, der ihnen solche Art von Sex zumutet. Für Frauen muss Sex üblicherweise immer eine Bedeutung haben, sieht man von One-night-stands mal ab, bei denen die schiere Lust im Vordergrund steht.

Normalerweise will man mit dem Sex ja kommunizieren. Man will zeigen: »Du bist so ein toller Mann und ich finde dich so großartig und will dir das zeigen, indem ich jetzt mit dir Sex habe. Ich will so intim mit dir sein, dass nichts mehr zwischen uns passt.« Wenn sich die Frau aber nur hinlegt und den Mann machen lässt, dann ist da eine weite Fläche an Ödnis und Leblosigkeit zwischen ihnen.

Also sind Sie der Meinung, dass so eine Beziehung problematisch ist?

Ich glaube, wenn die Sexualität nicht stimmt, dann stimmt auch etwas in der Ehe nicht. Sie können gute Partner sein, aber sie sind kein richtiges Liebespaar.

Diese, meine Meinung finden manche anstößig, aber ich sehe es so. Da fehlt eben etwas. Paare können sich blind verstehen, sich umeinander kümmern, sich auch wohlfühlen. Dann handelt es sich um eine »Agape-Liebe«, wenn man auf die griechischen Begriffe zurückgehen will, aber für mich ist das keine Liebe. Egal in welcher Lebensphase. Es fehlt der Aspekt, dass ich den anderen so unbedingt annehme, dass ich ihn in meinen Körper hineinlasse. Das kann man in der Hirnforschung auch nachvollziehen. Mit dem Frontalhirn kann ich mich in jemanden hineinversetzen, weil ich die Fähigkeit habe, von mir zu abstrahieren. Beim Sex ist das Frontalhirn insofern wichtig, als ich mich auch in meinen Partner hineinversetzen kann. Ich habe nicht Sex mit einer Gummipuppe oder mit einem Dildo, sondern mit meinem Partner. Sich in den anderen hineinzuversetzen generiert Lust. Wir haben die Möglichkeit, Frontalhirn-Sex zu haben und dadurch Lust zu entwickeln. Wenn Männer einmal im Monat über ihre Frauen »drüberrutschen« und ihr Sperma abladen, dann ist das reiner Stammhirnsex. Homöostatischer Ausgleich. Triebbefriedigung.

Der reifere Sex findet nicht im Stammhirn, sondern im Frontalhirn statt – gesteuert durch das sich in den anderen Hineinversetzen. Denn dadurch bekomme ich immer wieder Lust. Diese Art Intimität führt zum Ausstoßen von Hormonen, die bewirken, dass ich diese Lust immer und immer wieder haben will. Bei einer Verliebtheit merkt jeder dies ganz deutlich. Da schwirren die Hormone umher, da möchte man ja eigentlich nur an den anderen denken und ihm nahe sein.

Trotzdem haben wir den Eindruck, dass Frauen gerade nach den Wechseljahren weniger häufig Lust auf Sex haben?

Es ist schon so, dass Männer zwischen fünfzig und sechzig öfter Lust haben als Frauen – einfach weil das freie Testosteron eine Grundlust verursacht. Davon haben Männer mehr als Frauen. Frauen brauchen darüber hinaus einen indirekten Zugang: für sie zählen Liebe und das Verlangen nach Intimität und auch die Sicherheit, begehrt zu werden.

Ein Einstieg in die Lust kann durchaus auch sein, dass der Sex in diesem Alter aus einer Art liebevollen Gefälligkeit beginnt. Das ist dann etwas völlig anderes, als einfach nur die Beine breitzumachen. Das spricht für eine gute Partnerschaft.

Aber nicht wenige Frauen haben ja in diesem Lebensjahrzehnt gar keinen Sex mehr mit ihrem Partner. Sie sprechen aber von einer innigen Beziehung, tiefer Zuneigung und Nähe.

Ja, solange noch eine grundsätzliche körperliche Zuneigung da ist – dann kann das auch eine Art von Sex sein, solange man noch nackt nebeneinander liegt und zärtlich ist. Wichtig ist doch, dass man überhaupt noch kuschelt.

Und wenn auch das nicht mehr stattfindet? Muss man sich dann grundsätzliche Fragen stellen?

Man kann sich ja entscheiden und sagen: »Wir sind eine gute WG, wir sind gute Sozialpartner, gute Diskussionspartner.« Nur dann, meine ich, sollte man den sexuellen Anspruch aufeinander aufgeben. Darüber sollte man offen reden. Ich kenne Paare, die haben seit zehn, fünfzehn Jahren keinen Sex mehr, aber wehe, der eine schaut sich um. Das wird dann nicht toleriert, obwohl man selber nicht mehr möchte. Ein generelles Sexverbot geht ja nicht. Da sollte man dann andere Lösungen finden. Das ist der Zeitpunkt, an dem man dringend miteinander reden muss.

Man sollte sich fragen, ob es denn gerecht ist, dem anderen Sex zu verweigern, ihn aber gleichzeitig auch nicht freizugeben? Ist Treue um jeden Preis richtig? Wenn man dann abstirbt innerlich?

Ist das Lebensalter zwischen fünfzig und sechzig da ein besonderes?

In diesen Jahren stellen sich häufig die Weichen. Man muss in diesem Alter ja nicht mehr zusammenbleiben. Das große Projekt Kinder ist abgeschlossen, vielleicht zieht man um, weil das Haus, die Wohnung zu groß geworden sind – da ist ja einiges im Umbruch.

Auch das Klimakterium ist in dem Alter ein Thema. Jede Frau wird sich damit auseinandersetzen, sich fragen: »Bin ich denn noch Frau? Jetzt, wo die Blutung, die Gebärfähigkeit nicht mehr da sind – wo ist denn meine Weiblichkeit?« Diese Fragen stellt man sich doch und da, finde ich, kommt auch der Punkt zu überlegen: »Muss ich an der Seite meines Partners bleiben, bei dem ich eigentlich nur vernünftigerweise wegen der Kinder geblieben bin? Muss oder will ich mir das für die nächsten dreißig Jahre noch antun? Wann, wenn nicht jetzt, habe ich die Chance, etwas anders zu machen, wenn ich so nicht glücklich bin oder eben innerlich tot?«

Werden jetzt auch Kontaktbörsen, Internetplattformen, Swinger-Clubs ein Thema, oder ist das alles nur Mythos?

Offen darüber reden mag jedenfalls kaum jemand.

Ich denke, jede von uns hat mehr sexuelle Wünsche, als wir je Gelegenheit haben werden umzusetzen. Neue Erfahrungen beflügeln da, zum Beispiel wenn man Sex an ungewöhnlichen Orten hat oder im Swinger-Club nur mal schaut. Diese Erfahrung wird dann Teil meiner eigenen Gewissheit – macht Spaß oder eben keinen Spaß. Das ist dann ein neuer Standpunkt. Dann resultieren daraus neue Wünsche. Die sind jetzt vielleicht noch gar nicht präsent, die muss ich mir erarbeiten, indem ich immer mehr in diese Welt eintauche; in eine Tabuzone, dorthin, wo ich ein mulmiges Gefühl habe, aber etwas wagen möchte.

Jeder hat ja seine Vorstellungen von Sex, und da gibt es eine Schnittmenge in einer Partnerschaft, in der der Sex praktiziert wird. Vielleicht wird es dann irgendwann auch langweilig. Dann sollte man mal in den Bereich des Partners gucken – wo sind denn seine Wünsche –, kann ich da mitmachen, oder kann ich ihn einladen, ihm mal meine Bedürfnisse, meine Vorstellungen zu zeigen. So kann man sein Spektrum erweitern, und es entstehen daraus vielleicht neue Wünsche, das ist ein ganz spannender Prozess.

Also ermuntern Sie die Frauen ab fünfzig, den Mut zu haben, Dinge zu ändern?

Zum Glück tragen kann man keinen. Aber ich sage jeder Frau, sie soll in sich hineinhorchen und sich fragen, wo ihre Bedürfnisse sind. Auch richtig gute Sexualität hängt nicht daran, ob ich das Kamasutra rauf und runter turnen kann. Das ist nett, wenn ich geschickt bin, aber richtig gute Sexualität heißt, ganz bei der Sache zu sein, voller Hingabe. So frei zu sein, einfach nur Sex zu haben und nicht an die Bügelwäsche zu denken oder daran, was die Kinder sagen könnten, wenn sie wüssten, wie ich mich da aufführe. Mit dieser Hingabe an den Partner und dieser Sinnlichkeit stellen sich im Übrigen auch die Orgasmen ein.

Frauen entdecken besonders in diesem Alter oft, dass sie Orgasmen haben können: tiefe, wunderbare, vaginale Orgasmen, die von der Haarspitze bis zur Zehenspitze den Körper durchfluten. Das geht wirklich nur, wenn man die Situation auskostet und spürt, wie sich die Haut anfühlt, wie der Partner riecht, wie die Schamlippen sich füllen – dann stellen sich auch die Orgasmen ein. Ich glaube, dass Frauen ab fünfzig – wenn ihnen einfach egal ist, was andere denken, dazu noch einmal eine ganz große Chance haben.

Manche Frauen sagen uns, der Körper verändere sich im Alter, sie fühlen sich ausgetrocknet, als ob sie gar keinen Sex mehr haben könnten ...

Es stimmt: Manche Frauen haben durch den Östrogenmangel eine dünnere Scheidenhaut, können da sensibler sein. Es dauert länger, bis sich Flüssigkeit in der Vagina bildet. Da gibt es eine gewisse Diskrepanz zwischen der Lust, die ich verspüre, und dem Anspringen des Körpers. Bei Männern ist es ab fünfzig das gleiche. Bei ihnen kann die Erektion anfangs noch zu wünschen übrig lassen. Da sollte man dann einfach nur das Vorspiel verlängern und sich keinen Druck machen. Ich rate, mit Gleitcremes nur sehr zurückhaltend zu agieren. Lieber abwarten, bis der Körper soweit ist und die Lust sich aufbaut.

Sex kann ein Fest sein in jedem Alter?

Sex ist doch das Beste im Leben. Er macht Spaß und kostet nichts. Nach einem richtig schönen Orgasmus fühlt man sich den ganzen Tag beschenkt. Das ist nicht nur ein kurzes Feuerwerk, wenn der Orgasmus gut gelungen ist. Da geht man auf Wolke sieben.

Was aber, wenn man nun keinen Partner hat? Gerade in dieser Lebensphase sind doch auch viele Frauen Single. Müssen sie auf Sex verzichten?

Den Wohlfühl-Effekt gibt es auch durch Masturbation. Warum sich nicht täglich oder eben dann und wann mit einem

Dildo anfreunden? Es ist doch etwas Schönes, auch wenn man sich selbst berührt. Manche denken, nein, so schlimm ist es noch nicht, dass ich mich jetzt selbst befriedige. Aber wieso denn nicht? Warum sollte man sich mit seiner Lust quälen? Es ist doch nicht schlimm.

Ich kann mich da nur Woody Allen anschließen, der sagt: »Ich habe täglich Sex mit jemandem, den ich liebe, nämlich mit mir selbst!« Es ist ein Ausdruck von Selbstwertschätzung, wenn Frauen sagen: »Okay, es ist gerade keiner da, und ich bin mir auch zu schade, mich da irgendjemandem hinzugeben – ich mach mir das jetzt selber schön.« Es gibt wahnsinnig schöne Dildos und Vibratoren. Man muss nicht in Schmuddelgeschäfte gehen. Es gibt Frauensexshops. Ich würde aber dazu raten, in einen Laden zu gehen und nicht nur zu bestellen. Man muss sich ja mit dem Vibrator anfreunden, ihn mal in die Hand nehmen.

Sexpartner übers Internet zu finden, auch das kann eine super Sache sein. Es ist doch okay, zu sagen: »Hier, ich bin über fünfzig. Ich suche einen Partner für ein paar schöne Stunden im Bett und ich stehe auf dies und das. Das berührt natürlich gleich mehrere Tabus. Da müssen Frauen sich überlegen: »Bin ich mir das wert, darf ich das denn?« Ich sage, ja!!!

Aber darüber redet nun wirklich kaum jemand. Und manche haben vielleicht wirklich mit dem Sex abgeschlossen?

Wenn man vielleicht Jahrzehnte lang Gnadensex hatte, schon völlig abgestorben ist, dann stellt sich die Frage: »Wie komme ich zu einer schönen, lebendigen Beziehung mit mir selber?«

Ich würde tatsächlich mit Streichelübungen beginnen. Sie betrachten sich für den Anfang erst einmal im Spiegel. Einfach so. Nackt. Dann gehen Sie Schicht für Schicht vor. Sie müssen nicht direkt in Jubelschreie ausbrechen, denn jede Frau weiß: mit achtzehn war sie knackiger. Aber jetzt sind wir halt so, wie wir sind.

Dann schauen Sie sich an: Ihren Busen, Ihren Bauch, Ihre Vaginalregion. Nehmen Sie einen Handspiegel und betrachten Sie Ihren Schambereich.

Im nächsten Schritt berühren Sie das alles mit einem warmen, gut duftenden Öl. Nicht mit dem Zweck, sich jetzt selbst zu befriedigen – da wollen Sie ja erst hin. Sondern erkunden Sie zunächst Ihre tote, abgestellte, Ihnen entfremdete Vagina. Berühren Sie den Kitzler, die Schamlippen, die inneren, die äußeren, und tauchen Sie vielleicht einmal hinein – über den Damm bis hin zum Anus. Einfach nur liebevoll einmassieren.

Machen Sie diese Übung jeden Tag zehn Minuten. Ich würde mich nicht wundern, wenn Sie dann nicht auch mal auf die Idee kämen, sich auch anders zu berühren. Das wäre doch ein schöner Einstieg in eine Masturbation! Ich empfehle einen lieben, wohlwollenden Blick auf sich selbst. Die Begeisterung über das, was in Ihnen steckt, die kommt dann schon.

Fakten-check

SEX

Menschen zwischen 18 und 29 haben laut Umfragen durchschnittlich ca. **112 Mal Sex im Jahr**, also 2,15 Mal pro Woche.[21]

Bei den 30- bis 39-Jährigen sind es noch **86 Mal Sex im Jahr.** Das sind 1,65 Mal pro Woche.[21]

Ab vierzig nimmt die **Häufigkeit** erneut ab: 69 Mal im Jahr. 1,33 Mal in der Woche.[21]

Mit fünfzig nimmt die **Häufigkeit**, Sex zu haben statistisch noch einmal zu.[22]

Neun von zehn Frauen haben schon einmal einen **Orgasmus** vorgetäuscht.[21]

Eine von **fünf Frauen** über fünfzig wäre ganz glücklich damit, **nie wieder Sex** zu haben. Nur einer von **fünfzig Männern** im gleichen Alter würde ihr zustimmen.[22]

Grundsätzlich sind die Voraussetzungen für ein erfülltes **Sexualleben** bis **ins hohe Alter** bei jedem gegeben.[23]

Angeblich sind ca. **89 Prozent der Männer** zwischen fünfzig und sechzig noch **sexuell aktiv**.[23]

85,6 Prozent der Frauen sind in derselben Altersgruppe noch **sexuell aktiv**.[23]

Selbstbefriedigung ist im gesellschaftlichen Trend an die Stelle des **Fremdgehens** getreten.[23]

Laut Schätzungen haben die Partner beinahe die Hälfte aller **Sexualakte** in einer Beziehung mit sich **allein**.[23]

Frage-
bogen

– ANETTE –

51, getrennt lebend,
Marketingmanagerin. • Eine Tochter,
18 Jahre, ein Sohn, 16 Jahre.

Wie haben Sie Ihren fünfzigsten Geburtstag gefeiert?

In unterschiedlichen Varianten und mehrere Tage hintereinander, die magischen 0 Uhr mit dem innigsten Wegbegleiter, mit Freunden und Familie eine Küchenparty, mit den besten Freundinnen ein Geburtstagswochenende an der Côte d'Azur. Keine Ansprachen, keine Dankesreden, keine Rückschau, kein gesetztes Essen, den Blick nach vorne gerichtet, locker und leger.

Wenn Sie in den Spiegel schauen – wen sehen Sie?

Jede Menge Lachfältchen, einen klaren Blick und die ersten grauen Haare am Ansatz. Einen Schatz an Erlebnissen, schmerzhaften, guten und auch denen, die ich lieber umschifft hätte, ausreichend Lebenserfahrungen und auch die ein oder andere durchtanzte Nacht.

Leben Sie so, wie Sie es sich gewünscht haben?

Ja, genau so, wie ich es mir gewünscht und erträumt habe. Ich bereue nichts, und ich habe nichts verpasst. Ich habe eine wunderbare Familie, eine spannende Aufgabe, lebe in einer tollen Stadt in einer Wohnung, die mich nicht noch Jahrzehnte finanziell belastet. Jede Menge Sport und schöne Reisen, ein alter Garten zum Relaxen am Alpenrand, Yoga & zur Ruhe kommen, auch gerne mal außerhalb der Heimat, und Freunde, die gemeinsam mit mir am Küchentisch sitzen und quatschen und genießen.

Worauf sind Sie stolz?

Auf zwei lebendige und selbstbewusste Kinder, die jede Menge von uns Eltern mitbekommen haben. Beide haben jetzt schon ihren eigenen Blick auf das Leben, der von uns gefärbt, aber nicht vorgegeben ist. Wir haben sie zum selbstständigen Denken angehalten, auch weil wir sie nicht ständig kontrollieren und nicht alles so ernst nehmen. Ich bin stolz, in meinem kreativen Beruf selbst noch am Puls der Zeit zu sein und zu »wissen, was läuft«, in den Kulturstätten der Stadt, im Lifestyle, im Weltgeschehen und im Alltag.

Was war die größte Wendung in Ihrem Leben?

Mit fünfzig gemeinsam zu entscheiden, dass das Zusammenleben eine neue Ausrichtung braucht, wenn man in der Beziehung feststeckt und eine eigene Wohnung von Nöten ist, die den Kopf freimachen kann. Gemeinsam eine »Familie ja, Zusammenleben nein«-Strategie zu entwickeln, ohne sich gleich in Streitigkeiten zu verlieren.

Was hat Sie rückblickend am meisten erschüttert?

Der frühe Tod meiner Mutter, deren Leiden sich so lange hingezogen hat. Nichts tun zu können und die eigene Trauer altruistisch hinter die der kleinen Kinder und des eigenen Vaters zu stellen. Trauerarbeit verpasst zu haben und insgesamt immer noch diesen Verlust zu spüren, obwohl er zehn Jahre zurückliegt.

Wie wichtig sind Ihnen Liebe und Sex in dieser Lebensphase?

Wichtig. Beziehung ohne Liebe ist absolut keine Option für mich. Sex ohne Liebe geht schon mal, wobei der Sex an sich doch etwas anders geworden ist. Nicht langweiliger, vielleicht einfach erwachsener. Zu sagen, was man im Bett will oder was nicht, hätte ich vor ein paar Jahren wohl noch nicht getan.

Was haben Sie sich für die nächsten Jahre vorgenommen?

Ich möchte gerne beide Kinder in das Berufsleben begleiten und, wenn sie es zulassen, gerne coachen. Das ist das Wichtigste im Moment. Gerne würde ich im selben Berufsumfeld bleiben und meine Zusatzausbildungen anwenden.

Beschreiben Sie Ihren Herzenswunsch?

Ich würde gerne reisen, auch etwas länger, mit dem Postschiff zum Nordlicht oder auch nach Indien. In Asien würde ich gerne eine längere Zeit in einem Ashram verbringen. Außerdem möchte ich noch einen langen Weg alleine gehen, zum Beispiel den Franziskusweg von Florenz nach Rom.

Was ist Ihre wichtigste Erkenntnis in dieser Lebensphase?

Fünfzig zu werden bedeutet nicht, dass alles so bleibt, wie es ist, und keine Änderungen mehr eintreten können. Gerade in dieser Phase, in der sich die Kinder in die Selbstständigkeit lösen, ist die eigene Ehe noch einmal auf dem Prüfstand. Es entscheidet sich, ob man »weitermacht« oder mit der eigenen Ehe in Klausur geht. Ich weiß außerdem, dass ich nicht mehr jeden Trend und alles Neue mitmachen muss, und lerne, entspannt »Nein« zu sagen.

Was tut Ihnen heute gut? Was beflügelt Sie?

Ein gutes Buch, ein außergewöhnliches Theaterstück und ein Kinoabend – und meine Stunden auf der Yogamatte. Eine Bergtour, ein Strandtag, eine neue Stadt. Gute, intensive, tiefe Gespräche mit Freunden und ein kreatives Mahl auf dem Teller. Mainstream und Belanglosigkeit hemmen mich.

Frage-
bogen

– BETTINA –

51, verheiratet,
Rechtsanwaltsgehilfin.
Eine Tochter, 21 Jahre,
ein Sohn, 16 Jahre.

Wie haben Sie Ihren fünfzigsten Geburtstag gefeiert?

Ich habe gemeinsam mit meinem Mann, der vier Wochen nach mir Geburtstag hat, ein kleines Café gemietet und mit fünfzig Freunden gefeiert. Es war unser erstes großes Fest seit dem dreißigsten Geburtstag. Es war sehr schön, viele Freunde mal wieder auf einen Haufen zu sehen. Allerdings wurde es nicht die rauschende Party, die wir uns erhofft hatten. Viele sind bereits recht früh gegangen, teilweise weil sie einen weiten Weg zu fahren hatten, manche auch, weil sie einfach müde waren. Vor zwanzig Jahren waren die Partys noch …

Wenn Sie in den Spiegel schauen – wen sehen Sie?

Eine alte Frau, ein fremdes Wesen! Na ja, es kommt ganz auf die Lichtverhältnisse und den Blickwinkel an! In Handy-Displays oder U-Bahn-Fenstern vermeide ich den Blick.

Leben Sie so, wie Sie es sich gewünscht haben?

Wir haben es geschafft, uns vor fünfzehn Jahren eine schöne Altbauwohnung in der Innenstadt zu kaufen. Wir mussten insgesamt sehr viel Geld auch für den allgemeinen Zustand des Hauses investieren (Fassade, Keller, Balkone). Die finanzielle Belastung in den letzten Jahren hat uns nicht gerade das Leben erleichtert. Mittlerweile geht es aufwärts. Neulich kamen die Nachbarn zu uns und fragten, ob und wie wir es anstellen können, nachträglich einen Aufzug zu installieren. Das fand ich sehr vorausschauend.

Worauf sind Sie stolz?

Am meisten stolz bin ich natürlich auf meine Kinder. Manchmal bin ich auch stolz, dass wir unsere vielen Ehekrisen gemeistert, durchgehalten und versucht haben, gemeinsam einen Weg zu finden. Der Weg ist immer noch sehr steinig, aber wir gehen weiter.

Was war die größte Wendung in Ihrem Leben?

Die größte Wendung in meinem Leben war die Geburt meiner Kinder. Im Moment ist auch eine Wendung. Die Kinder sind groß, unsere Tochter ist bereits ausgezogen, und die Lebensinhalte verschieben sich wieder. Ich habe wieder mehr Zeit für mich.

Was hat Sie rückblickend am meisten erschüttert?

Herbe Schicksalsschläge habe ich Gottseidank noch nicht erlebt. Dass die Zeit immer schneller vergeht, dass unsere Tochter so schnell aus dem Haus war, erschütterte mich schon. Ganz aktuell Donald Trump und der allgemeine gesellschaftliche Hang zum Rechtspopulismus. Dass die Menschen aus Fehlern nicht lernen, dass wir unseren Planeten systematisch zerstören.

Wie wichtig sind Ihnen Liebe und Sex in dieser Lebensphase?

Ich habe lange überlegt, was ich antworten soll. Eigentlich spielt es, um ehrlich zu sein, keine große Rolle mehr in meinem Leben. Wir sind zwanzig Jahre verheiratet. Der Weg ist immer noch steinig, hatte ich ja schon beschrieben.

Was haben Sie sich für die nächsten Jahre vorgenommen?

Countdown! Ich will das Leben genießen, viele Reisen, viele schöne Unternehmungen, Freundschaften pflegen, einen guten Weg finden, meine Eltern zu versorgen. Einfach Zeit für die schönen Dinge im Leben haben.

Beschreiben Sie Ihren Herzenswunsch?

Mein Herzenswunsch ist, dass meine Kinder (und meine Familie/Freunde) ein langes, gesundes, glückliches Leben haben. Dass der Schutzengel immer über sie wacht. Schön wäre es, wenn ich das alles auch mitbekommen könnte, dass sie uns teilhaben lassen an ihrem Leben. Meine Enkel würde ich gerne noch erleben und dass wir möglichst lange fit bleiben, um das Leben aktiv genießen zu können.

Was ist Ihre wichtigste Erkenntnis in dieser Lebensphase?

Die Zeit auf Erden ist begrenzt. Carpe Diem! Noch einmal durchstarten, das Leben genießen. Die verbleibende Freizeit optimal ausnutzen, ohne in Stress zu geraten. Beruflichem Stress gar nicht erst eine Chance geben. Etwas mehr Gelassenheit und Optimismus walten zu lassen.

Was tut Ihnen heute gut? Was beflügelt Sie?

Gute Gespräche mit Freunden, Kino, Theater, Ausstellungen, Reisen, Bergtouren. Es gibt noch so viele Orte auf der Welt zu entdecken. Tanzen zu gehen (kommt leider mangels Örtlichkeit sehr selten vor). Sport beflügelt mich immer noch und dass ich mich in dieser Beziehung im Vergleich mit Jüngeren nicht verstecken muss.

PATCHWORK-BEZIEHUNGEN

*»Mit wem man umgeht,
dessen Sitten nimmt man nach
und nach an.«*

– Gotthold Ephraim Lessing

1 + 1 = 2 plus x. Ein schönes Wagnis …

Familientreffen, ganz besonders die an Weihnachten, sind bei uns ein logistisches Großmanöver. Das Fest der Liebe birgt tonnenweise Zündstoff und dreht sich um die Frage: Wer feiert wann und wo mit wem? Wer hat diesmal Heiligabend die Kinder, wessen Großeltern können und dürfen wann und wo dabei sein? Bei uns gipfelt das seit Jahren nun in einer doppelten bis dreifachen Bescherung: Heiligabend sind wir dieses Jahr in Nürnberg in der Wohnung meines Mannes, mit meinen beiden fast erwachsenen Töchtern. Dazu kommen meine Mutter und meine Geschwister plus Kinder und Partner aus dem Rheinland. Macht vierzehn Menschen, und selbstverständlich, weil in unserem Clan üblich, mindestens zwei Gänse. Bescherung vor dem Essen. Am ersten Feiertag dann sind alle Kinder, also auch die drei gerade erwachsenen Kinder meines Mannes, und alle Großeltern dabei. Singen, Musizieren. Diesmal Truthahn. Wieder für vierzehn. Danach Geschenke. Am zweiten Feiertag reisen die Kinder weiter zu meinem Exmann, dessen neuer Frau plus Anhang. Zurück bleiben, völlig erledigt nach dem Großeinsatz, mein Mann und ich.

Total verrückt, finden Sie? Warum tun sie sich das an? Wir tun es, weil wir glauben, dass Rituale und Tradition die Familie zusammenhalten und wir nun mal ein ganzes Potpourri davon haben.

»Das Familienleben ist
ein Eingriff in das Privatleben.«

— Karl Kraus

Wie soll das eigentlich im Alltag gehen, aus vielen bunten Einzelteilen etwas großes Ganzes zu machen – etwas, das Wärme und Schutz bietet? Aus vielen Individuen mit jeder Menge an Geschichte und Lebenserfahrung ein gemeinsames, funktionierendes Beziehungsgeflecht zu schaffen? Mit diesen Fragen beschäftige ich mich, seit ich persönlich mit dem Thema Patchwork zu tun habe, und ehrlich gesagt haben sie mich schon oft erschreckt und ratlos zurückgelassen.

Das soll funktionieren? Ja, es soll, so wäre es schön.

»Wenn wir lieben, streben wir immer danach, besser zu werden, als wir sind. Wenn wir danach streben, besser zu werden, als wir sind, wird zugleich alles, was uns umgibt, ebenfalls besser.«

— Paulo Coelho

Jede Partnerschaft braucht Zeit und Raum, sich zurechtzuruckeln, sich zu finden. Sobald auch noch Kinder mitmischen, die eigenen und/oder die des anderen – wird dieser Prozess automatisch komplizierter. Wir hoffen auf ein neues, ungeahntes Familienglück, aber es tauchen auch Abgründe von Eifersucht, Neid und Unsicherheit auf. Liebt mein Partner mich weniger als seine Kinder? Hat er genügend Zeit für mich und ich für ihn? Was, wenn es wieder nicht klappt? Die Angst zu scheitern sitzt einem selbst und den Kindern im Nacken.

»Dreierlei ist wichtig im Leben:
Erstens: Toleranz.
Zweitens: Toleranz.
Und drittens: Toleranz.«

— Henry James

Mit fünfzig sind wir ja keine unbeschriebenen Blätter mehr – wir wissen doch schon längst: Leicht ist es nicht, neu zu beginnen. Es ist anstrengend, vermutlich auch schwieriger, seitdem mit der Jugend auch die naive Hoffnung auf ein stets gutes Ende gewichen ist. Jede von uns weiß um ihre Macken, pflegt bisweilen ganz störrisch bis selbstverliebt den Eigensinn. Ganz nach dem Motto: »Ich bin so, wie ich bin«, und basta. Toleranz und Beweglichkeit sind manchmal absichtlich aus der Übung geraten. Und nun kommen auch noch Kinder mit in die neue Beziehung. Mit den eigenen können wir uns das ja noch vorstellen, aber mit den anderen? Jede von uns hat bereits Rituale, einen Erziehungsstil, eine vorbildliche Marschrichtung, für die wir uns längst entschieden haben, und ahnt: Das wird schwierig.

»Man kann das Leben nur rückwärts verstehen, aber man muss es vorwärts leben.«

– Soren Kierkegaard

Verschiedene Wertvorstellungen brauchen ihre Zeit, sich den anderen zu vermitteln, und wir brauchen Raum, um einen gemeinsamen Nenner zu finden. Spannend, aber auch mühsam und kräftezehrend, finde ich bisweilen.

Jetzt also neu anfangen? Platz machen für einen neuen Partner? Gerade nach einer gescheiterten Beziehung: was für ein Wagnis! Was will ich, was wollen wir besser machen? Warum sollte es diesmal funktionieren? Fragen über Fragen türmen sich auf.

Geht es gemeinsam besser als alleine? Lohnt sich der Kraftakt, sich nicht nur auf einen Partner, sondern gleich auf eine ganz neue Familie einzustellen? Schaffe ich es emotional, eine Großpackung an Familiengeschichte, bei der ich in der Vergangenheit keine Rolle gespielt habe, nun einen Teil meines Lebens sein zu lassen? Wie meistere ich das ganz praktisch – logistisch? Habe ich Platz für alle, im Herzen und im Haus? Und muss ich ihn überhaupt für alle haben? Wie viel bin ich bereit zu geben, wie weit muss ich gehen, um eine Chance auf eine glückliche Patchwork-Beziehung mit Zukunft zu haben? Bleibe ich selbst vor lauter Kompromissen dabei auf der Strecke? Was sagen meine Kinder – seine Kinder zu einer neuen Partnerschaft? Mitgefangen, mitgehangen?

»Die Hoffnung ist der Regenbogen über dem herabstürzenden Bach des Lebens.«

– Friedrich Wilhelm Nietzsche

Schon der Weg hin zu einer neuen Beziehung gestaltet sich mit fortgeschrittenem Alter eher schwierig. Wie, wo soll man den Neuen überhaupt kennenlernen? Vor allem, wenn man Kinder hat. Nächtelang an einer Bar sitzen und dort zufällig auf eine interessante Begegnung hoffen? Nein, danke. Dafür auch noch eine Kinderbetreuung organisieren? Was für eine absurde Idee, kommt nicht in Frage.

Beim Theater- oder Konzertbesuch in der Pause von der Kunst inspiriert ganz lässig-charmant mit dem netten Herrn im Foyer – selbstverständlich ebenfalls Single! – ein wenig flirten und auf mehr hoffen? Schön wär's.

Neue interessante Männer im Büro oder im Arbeitsleben kennenlernen? Wenn da mal einer dabei gewesen wäre, dann hätte ich es wohl schon früher bemerkt.

Nach einem langen Arbeitstag warten die Kinder, falls sie noch zu Hause wohnen, die Eltern, der Sport, eine Verabredung mit Freunden zum Essen, oder einfach der Haushalt und das Sofa –all das gleichzeitig oder im Wechsel. Zeit für Zufallsbekanntschaften bleibt da kaum. Auch am Wochenende sind wir eingebunden, jonglieren mit Terminen und Verpflichtungen, Mama- und Papa-Wochenenden, und sind oft einfach nur fix und fertig. Und wenn doch irgendwann mal Ruhe ist, sehnen wir uns nach Geborgenheit, Zusammenhalt, nach einem Partner und vielleicht auch mal wieder nach Sex.

In meinem Freundeskreis gibt es viele Frauen, denen es genauso geht, die keine Zeit oder auch keine Lust haben, sich einen neuen oder größeren Bekanntenkreis aufzubauen, um auf diese Weise einen interessanten Mann kennenzulernen. Und die sich dann, wenn es mal eine Atempause gibt, wenn die Kinder entweder beim Vater oder selbst unterwegs sind, umso einsamer fühlen. Doch selbst dann scheuen sie die Anstrengungen und das Risiko einer neuen Beziehung oder – und auch das kommt häufig vor – »sind einfach noch nicht so weit«.

Das ist verständlich, denn schließlich sagt die Erfahrung, dass eine Ehe, eine Partnerschaft trotz aller guten Vorsätze scheitern kann. Der Verlust und der Schmerz können sich so schrecklich groß anfühlen. Noch mal von vorne zu beginnen, heißt ja auch, sich nicht nur auf einen neuen Menschen an seiner Seite einzustellen, sondern es gleich mit mehreren aufzunehmen. Sind Kinder da, entwickelt sich automatisch eine ganze Reihe neuer Verknüpfungen. Für mich ist es in der Tat eine Bereicherung, aber auch ganz klar eine Belastung – ja, manchmal eine regelrechte Zumutung. Für alle Beteiligten ebenso. Denn Kraft und Zeit sind nun mal endlich. Manchmal weiß ich nicht mehr, wo mir der Kopf steht.

»Schöner selbst als der vollste Besitz ist die Erwartung des Glücks.«

– Emanuel Geibel

Nach meiner gescheiterten ersten Ehe fühlte ich mich gestrandet, einsam – wollte aber lange nichts daran ändern. Nach Jahren ohne festen Partner, nach Jahren ohne »glückliche« Zufälle habe ich mich eher spontan aus einem Bauchgefühl heraus entschieden, meinem Schicksal ein wenig auf die Sprünge zu helfen. Mit zugegebenermaßen mulmigem Gefühl habe ich mich im Internet umgesehen und dort meinen jetzigen Mann kennengelernt. So wusste ich von Anfang an, er hat auch Kinder. Leider wusste ich auch, dass er nicht in derselben Stadt wie ich wohnt und wir pendeln müssen. Was die Sache zusätzlich erschwert. Aber es sollte eben genau dieser Mann für mich sein. Der Mann – plus seine drei Kinder. Das macht mit meinen beiden Kindern zusammen sieben Patchworkfamilien-Mitglieder. Ein neues, kompliziertes, aufregendes Gefüge.

Besonders der Anfang unserer Beziehung war holprig. Wir waren verliebt, aber auch sehr skeptisch. Über allem blitzte bei mir immer die Frage auf: Meint er mich, oder ist es einfach nur so praktisch für alle Beteiligten? Raufen wir uns zusammen, weil ich geübt bin im Organisieren, den Familienalltag kenne – Fürsorge und Struktur biete? Jetzt denke ich, vielleicht war es all dies zusammen. Wir haben uns gegenseitig gebraucht, auch, um als neue Familie uns und den Kindern Halt zu geben. Und, ganz wichtig: Wir haben die Zeit für uns genutzt und sind gemeinsam das Risiko eingegangen.

»Wenn es überhaupt ein Geheimnis des Erfolges gibt, so besteht es in der Fähigkeit, sich auf den Standpunkt des anderen zu stellen und die Dinge ebenso von seiner Warte aus zu betrachten wie von unserer.«

– Henry Ford

Meinen Mann habe ich zum ersten Mal in einem teuren Restaurant getroffen. Wir fanden uns sympathisch, haben viel erzählt und viel bestellt. Als die Rechnung kam, hatte ich eine Einladung erwartet – für ihn dagegen war ohne Rückfrage klar, der Betrag wird geteilt. Ich habe das damals als Affront empfunden und hätte mich fast abschrecken lassen. Er wiederum dachte, eine emanzipierte Frau wolle sich nicht einladen lassen. Was für ihn ein Signal in Richtung Respekt und Gleichberechtigung sein sollte, war für mich ein Zeichen von Geiz und schlechtem Benehmen. Die große Liebe auf den ersten Blick war es für mich jedenfalls nicht. Aber uns war beiden klar, hier könnte etwas klappen. Wir wollten uns eine Chance geben.

Eine Beziehung mit gegenseitigem Respekt, Fairness und Toleranz – das war es, was wir von Anfang an wollten, so haben wir es besprochen. Theoretisch war das klar, und praktisch? Da ist das dann alles nicht mehr so leicht: Der Alltag ernüchtert, denn die Kinder mischen mit. Sie wittern gleich, hier kommt etwas Neues auf sie zu, und haben nicht vor, dabei einfach stillzuhalten. »Unsere Kinder« übrigens wussten schon beim ersten vorsichtigen Vorstellen sofort, hier passiert etwas, das auch ihr Leben verändert. Was als eher unverfängliches Kennenlernen bei einem nachmittäglichen Museumsbesuch gedacht war, wurde von ihnen sofort entlarvt, denn noch am selben Abend zu Hause fragten sie mich: »Ist das jetzt dein neuer Freund? Treffen wir den jetzt häufiger? Machen wir jetzt immer etwas zusammen mit den anderen Kindern?« An diesem Tag vor zwölf Jahren ahnten meine damals noch jungen Mädchen mehr als ich.

Heute ist aus »den anderen« ein »wir« geworden. Trotzdem führen bisweilen noch immer die Kinder Regie in unserer Beziehung, obwohl meine ältere Tochter schon aus dem Haus ist und die jüngere bereits siebzehn. Wenn das eine oder andere Kind um Unterstützung bittet oder seinen Besuch ankündigt, stehen wir selbstverständlich parat. Und bei schwierigen Fragen zählt die Stimme des leiblichen Elternteils doppelt.

»Eifersucht ist Angst vor dem Vergleich.«

– Max Frisch

Das Thema »meine Kinder, deine Kinder« liefert viel Stoff für Reibungspunkte. Die emotionale Bindung zur eigenen Brut zerrt mehr, als ich anfangs dachte, an der Partnerschaft. Und es ist eine Illusion zu glauben, es höre irgendwann auf. Früher, als die Kinder noch klein waren, ging es um Themen wie Freiheiten, Schule, Leistung, Benehmen – aber unterschwellig auch immer darum, wer wie viel Fürsorge und Zeit bekommt. Und ganz banal haben wir uns tatsächlich auch darum gestritten, wessen Pfannkuchen besser schmeckten: die von Mama oder die von Papa? Dreimal dürfen Sie raten, auf wessen Seite die Kinder standen, noch bevor sie überhaupt probiert hatten.

»Stark bindet Freundschaft, mächtig eint des Blutes Band.«

– Aischylos

Zwei unterschiedliche Herkunftsfamilien, zwei unterschiedliche Erziehungsstile – anfangs gab es da keine gemeinsame Marschrichtung. Die haben wir uns mühsam erarbeitet und versucht, uns dabei gegenseitig so viel Freiheit wie möglich zu lassen. Doch es sind viele Tränen geflossen.

Nun, mit fünfzig, liegt die Erziehung der Kinder fast hinter uns – und doch bleiben hin und wieder Konkurrenzgerangel und Eifersucht. Jetzt beobachten wir, wie sich die Kinder entwickeln, weitgehend aus der Ferne. Auch die Kinder untereinander sind entspannter geworden und fühlen sich nicht mehr so unter Druck gesetzt. Sie tauschen sich eigenständig aus und lassen sich gegenseitig sein, wie sie sind, das ist ein gutes Gefühl. Sie scheinen weitaus souveräner zu sein als ich.

Ich kenne Beziehungen, in denen nur ein Teil Kinder hat, da ist es nicht weniger kompliziert. Die latente Sorge, ausgeschlossen zu bleiben oder in seinen Bedürfnissen zurücktreten zu müssen hinter die Eltern-Kind-Beziehung, macht vielen zu schaffen. Sie erzählen von dem mehr oder weniger stillen Vorwurf, nicht so wichtig zu sein wie das Kind/die Kinder. Die Vorstellung, dass genug Liebe für alle im Herzen vorhanden ist, scheint für kinderlose Partner oft nicht möglich zu sein. Das Ankämpfen gegen diese vermeintliche

Rangordnung und Bevorzugung führt jedenfalls zu endlosen Diskussionen. Dabei hat die Elternliebe nichts mit der partnerschaftlichen Liebe zu tun – sind es doch unterschiedliche Gefühle, die nicht wetteifern können. Aber das ist vor allem für kinderlose Partner schwer zu glauben.

Bei einem befreundeten Paar führte dieses Gefühl des Zukurzkommens dazu, dass die Beziehung schließlich zerbrach. Die Frau, selbst kinderlos, wollte den Mann exklusiv, und weil das nicht ging, wollte sie zumindest mitreden bei der Erziehung der Kinder – sei es beim Thema Tischsitten oder bei der Wahl der Schule. Aber keiner wollte auf den anderen zugehen, beharrte auf den eigenen Anspruch. Alles oder Nichts – das ging eben nicht. Das hielt die Liebe nicht aus.

Bei anderen Bekannten hat die mit in die Beziehung gebrachte Teenager-Tochter genau das Gegenteil bewirkt. Das Paar fühlte sich gestärkt, das Elternteil emotional aufgefangen und verstanden. Sie machen gemeinsam Sport, fahren zusammen in Urlaub, verbringen Zeit zusammen. Die Familienaktivitäten haben Schwung und Freude in die Beziehung gebracht und sie damit gestärkt.

Ich bin überzeugt, dass das besondere Band zwischen Elternteil und eigenem Kind, diese bedingungslose Liebe und Empfindlichkeit, über die Jahre unverrückbar bestehen bleiben. Und ich finde das völlig in Ordnung so. Egal, wie sehr man die »gewonnenen Kinder« ins Herz geschlossen hat, blitzen notgedrungen manchmal Neid und Eifersucht auf, kommen Vergleiche ins Spiel. Das ist mir klar geworden, denn schließlich finden sich zwei Welten zusammen, gibt es auch genetisch zwei Stammbäume. Nach zwölf Jahren gemeinsamer Zeit kann ich mich da nun einigermaßen entspannt zurücklehnen.

»Es ist nicht wenig Zeit, die wir haben, sondern es ist viel Zeit, die wir nicht nützen.«

— Seneca

So schwierig das jetzt alles klingt: Patchwork-Beziehungen haben auch große Vorteile. Regelmäßige romantische Flitterwochenenden zu zweit ohne Kinder – wo gibt es das sonst? Vorausgesetzt, die Kinder wollen zum Ex-Elternteil und haben keine anderen wichtigen Pläne – wie Partys, Lerngruppen für Schulaufgaben oder sonst etwas, das ein Daheimbleiben nötig macht.

Diese private Zweisamkeit finde ich wunderbar, auch wenn sie ehrlicherweise nicht ganz frei von Druck verläuft, bedeutet sie doch das Umstellen vom Familienalltag und der Mutterrolle zur Geliebten; schwierig, wenn dich innerlich noch beschäftigt, ob die Kinder auch gut beim Papa angekommen sind und der auch für die anstehende Schulaufgabe die Vokabeln abfragt. Dennoch ist diese exklusive Zeit intensiv, intim und leidenschaftlich. Man weiß eben, man hat nicht ewig Zeit. Wir verabreden uns auch mal zum Sex und planen ein Stündchen extra ein.

Überhaupt macht es vieles leichter, sich frühzeitig zu organisieren. Meine kinderlosen Freunde (oder eben die nicht

»gepatchten«) schütteln bisweilen fassungslos den Kopf, wenn sie nach einer Verabredung für die nächsten Tage fragen und wir ewig im Kalender nach Möglichkeiten blättern, um zu erforschen, wer eigentlich wann wo ist demnächst.

»Geben und Nehmen
ist für alle die Grundlage des
familiären Zusammenlebens.«

— Richard von Weizsäcker

Es bleibt ein Balanceakt. Denn auch meine bereits siebzehnjährige Tochter braucht Zuwendung, exklusive Zeit. Ich habe auch heute zuweilen noch ein latent schlechtes Gewissen, vermischt mit Wehmut, wenn ich mich von meiner Tochter verabschiede, um die Partnerschaft zu pflegen. Denn auch ich brauche diese Zeit mit ihr.

»Die Dinge sind nie so,
wie sie sind.
Sie sind immer das,
was man aus ihnen macht.«

— Jean Anouilh

Mittlerweile müssen mein Mann und ich nicht mehr sieben Zeitpläne unter einen Hut bringen, denn in den letzten Jahren haben sich unsere Kinder sukzessive aus dem allwochenendlich-gemeinschaftlichen Familienleben verabschiedet. Wir pendeln aber immer noch zwischen zwei Städten, Jobwechsel kommen nicht in Frage. Also fahren wir jedes Wochenende hin und her und verbringen drei, vier Stunden im Auto oder im Zug. Wer wann wo ist, orientiert sich rund um Termine von Festen, Einladungen oder Familienaktivitäten und gelegentlich immer noch an den Plänen der großen Kinder.

Freunde von uns, die ebenfalls an verschiedenen Orten wohnen, verbringen abwechselnd ein Wochenende da und eines dort – sie pendeln über eine Entfernung von 300 Kilometern. Wir leben nur halb so weit voneinander weg und fahren daher schon mal beide an ein- und demselben Wochenende hin und her, um beide Freundeskreise und Familien treffen zu können. Weil wir auch logistisch gesehen fair und respektvoll dem anderen gegenüber sein wollen. Das möchten wir ja diesmal besser machen. Ob wir es uns damit auch leichter machen, wage ich zu bezweifeln. Wir tun es trotzdem, wir machen einfach das Beste draus. Nicht zu viel darüber nachzudenken, ist unsere Strategie.

Auch als unsere Kinder noch klein waren, sind wir alle vierzehn Tage mal hier und mal dort gewesen. Jedes Mal mit Sack und Pack umhergezogen. Immer wieder die Frage, was nehme ich mit, wer kommt mit – wer verbringt das Wochenende wo? Am Anfang unserer Beziehung hatten wir kaum Platz in unseren jeweiligen Wohnungen. In der einen haben wir zu siebt in einem Schlafzimmer geschlafen, regelrecht gestapelt in eigens gebauten Etagenbetten. Jeder musste Rücksicht nehmen, still sein, damit alle einschlafen konnten, wir eingenommen – ob wir wollten oder nicht. In der anderen Wohnung haben wir für die Kinder Luftmatratzen aufgeblasen, die dann morgens regelmäßig platt auf dem Parkett lagen, die Kinder aber dennoch seelenruhig weiterschliefen. Damals fühlten wir uns angesichts der eingeforderten Kompromisse des Öfteren als Rabeneltern. Im Nachhinein aber war diese Zeit für die Kinder auch abenteuerlich und spannend. Sie erzählen heute noch fröhlich davon, zum Beispiel, wie sie einen privaten »Kinderclub« gegründet hatten, um sich zu verbünden. Sie haben sich auf ihre Art arrangiert mit der neuen Beziehung ihrer Eltern. Gefragt hatte sie ja schließlich keiner von uns. Irgendwie haben wir uns zusammengerauft.

»Ich kenne keinen sicheren
Weg zum Erfolg,
aber einen sicheren Weg
zum Misserfolg.
Es allen rechtmachen
zu wollen.«

– Platon

Wir versuchen, in dieselbe Richtung zu blicken – jeder für sich und doch zusammen. Den Weg gemeinsam zu gehen. Elternteil zu sein, für die eigenen Kinder, und wenn es sich ergibt, auch für die neu gewonnenen.

Es bleibt jeden Tag spannend, und wir – so viel steht fest – sind immer in Bewegung.

Interview

– MARIA WIPRICH-HADULLA –

Systemische Beraterin, Patchwork-Coach
Fünf Kinder von drei verschiedenen Männern

Werden Patchwork-Beziehungen immer mehr zur gesellschaftlichen Normalität?

Ich glaube, dass das Kind jetzt einen Namen bekommen hat. Tatsächlich sind Patchwork-Beziehungen nichts Neues. In Zeiten von Kriegen und Seuchen war das die Methode der Wahl. Man hat sich zusammengeschlossen und dadurch abgesichert.

Was ist da in der heutigen Gesellschaft anders als früher?

Vielleicht hat sich geändert, dass man sich jetzt eher trennt als früher, die »Versorger-Not« weggefallen ist. Heutzutage richtet man sich danach, wohin die Liebe eben fällt.

Patchwork ist kein gewähltes Modell, sondern es sind Mann und Frau, die sich verlieben und damit umgehen – aber es ist nicht mehr aus einer Not heraus gewählt.

Patchwork-Konstellationen fußen ja auf den Trümmern gescheiterter vorangegangener Beziehungen …

Man trägt aus der vorherigen Beziehung ein paar Splitter mit sich herum, Verletzungen. Aber auch einen Erfahrungsschatz, wenn man sagt: Jetzt ist es uns wichtig, dass es gut klappt! Man ist eher gewillt, Kompromisse einzugehen, weil man weiß, ein Scheitern der Beziehung ist für alle Mitglieder der Familie leidvoll – jedenfalls in der Regel.

Wo liegt das besondere Risiko – das Herausfordernde?

Da, wo es in anderen Beziehungen auch liegt. Da fällt mir immer das Drei-Säulen-Modell ein. Man kann es sich wie eine Pagode vorstellen. Eine Säule ist die Mann-Frau-Beziehung. Die steht für Raum und Zeit als Paar. Und emotionale Offenheit. Dann gibt es die Familie mit der Frage: Was machen wir zusammen? Und dann, als dritte Säule: Was macht jeder für sich selbst? Wo steht er?

Diese Säulen sind in jeder Beziehung gefragt, aber in einer Patchwork-Beziehung ist es herausfordernder, weil man jeden im Blick haben muss, es mit noch mehr Mitspielern zu tun hat, weil vielleicht auch die Expartner Einfluss nehmen. Es dann zu schaffen und zu sagen: Okay, Schatz, wann gehen wir mal aus? Was machen wir als Familie gemeinsam? Wie schaue ich auf mich? Wann habe ich als

Einzelperson Zeit für mich? All das bedarf dann mehr an Organisation. Aber die grundsätzliche Herausforderung ist für jede Beziehung dieselbe.

Was ist mit den Konstellationen, wenn Frauen um die fünfzig sind? Welche besonderen Baustellen gibt es da?

Die Themen verändern sich. Wenn man patchworked mit über fünfzig, sind die Kinder meist schon größer, stecken in der Pubertät. Auch diese schwierige Phase kann belastend auf die Beziehung wirken.

Wenn die Kinder aus dem Haus, also schon erwachsen sind, und ein Elternteil eine neue Beziehung eingeht, können diese Kinder trotzdem Einfluss haben. Sie können sticheln und vielleicht für böse Stimmung sorgen, aufhetzen, indem sie sagen: Die oder der will nur dein Geld.

Da muss man sich als Paar dann gut positionieren. Das heißt, dass man bei allen Entscheidungen bei sich bleibt. Also zum Beispiel: Die Frau lernt einen neuen Partner kennen, und die Kinder sagen: »Guck nochmal genauer hin.« Das kann man tun, sollte aber dem eigenen Bauchgefühl vertrauen.

Eine neue Partnerschaft kann auch ein Gewinn für die Kinder sein, wenn zum Beispiel der eine Partner verwitwet ist und die Kinder froh sind über die neue Beziehung.

Bei jüngeren Kindern ist es für das zurückbleibende Elternteil oft verlockend, dass diese emotional an die Stelle des verschwundenen Partners rücken. In so einer Situation sind die Kinder auf lange Sicht und nach erstem Abwehren dann froh, wenn jemand neues in das Leben des Elternteils kommt und sie dadurch entlastet werden. Dann kann es befreiend und ein Gewinn sein. So können Eltern und Kinder einen Schritt weiter in ihr eigenes Leben gehen. Also kann eine Patchwork-Beziehung immer *ent*lastend und *be*lastend sein.

Wenn Konflikte in dem neuen Gefüge auftreten, gilt dann der Spruch: Blut ist dicker als Wasser?

Bei den eigenen Kindern ist man eher gewillt, ein Auge zuzudrücken, lässt man fünfe eher gerade sein. Bei allen anderen ist man kritischer. Insofern ist es eine Herausforderung für den Patchwork-Partner. Ich nehme dann immer das Bild des Nachbarskindes zur Hilfe. Wann würde ich bei dem eingreifen? Das gibt eine gute Orientierung. Und dann suche ich den Kontakt zum Partner, um die Situation von seinem Standpunkt aus zu betrachten.

Im täglichen Miteinander liegt die Herausforderung darin, zu erkennen, wann ich wie mitreden darf oder soll. Und wo geht es mich nichts an? Da unterscheidet man zwischen dem eigenen Bedürfnisraum und der Erziehung.

Erziehung ist Sache des leiblichen Elternteils, da kann ich vielleicht einen Vorschlag machen oder sagen: »Du, ich sehe das so und so.« Und man kann mal von außen eine Idee einbringen, inspiratorisch. Aber man kann nicht sagen: »Wir machen es jetzt so oder so!« Das ist nicht die Kompetenz des Patchwork-Vaters oder der Patchwork-Mutter. Das ist ein Punkt, an dem viele Beziehungen tanzen oder ins Wanken geraten. Ich kann sagen: Ich will, dass deine Kinder sich die Hände waschen vor dem Essen, ich werde sonst krank. Dann habe ich einen persönlichen Bezug. Ob wiederum die Musik beim Lernen nun an bleibt oder nicht, das ist Sache des Elternteils.

Das ist ein Austarieren, und man muss das Thema des Konflikts immer wieder sortieren, überlegen: Worum geht es hier jetzt? Wenn ich persönlich betroffen bin, kann ich mitreden. Ansonsten hat man die Möglichkeit zur Inspiration mit konkreten Vorschlägen – mehr aber nicht.

Muss man neue Familienwerte schaffen bzw. erarbeiten?

Das ist schwierig, denn die Werte bringt man ja schon mit. Man kann Vorschläge machen. Dinge auswählen aus einem Tablett der eigenen Erfahrung, man kann sich gegenseitig inspirieren. Nicht aber Vorstellungen oder Regeln gegenüberstellen, das führt zu einem: Wir hier, und ihr da – dann spaltet man. Die Strategie lautet: nichts vorschreiben, sondern überlegen und sich austauschen. Welche Rituale gefallen uns am besten, was wollen wir behalten? Was darf neu hinzukommen? Wenn man sich nicht einigt, kann man Dinge auch trennen. Dabei dürfen Kinder mitreden, aber die Entscheidung sollten die Eltern treffen. Dann gibt es weniger Streit.

Scheitern Patchwork-Beziehungen häufiger?

Ich glaube, alle Beziehungen mit besonderen Herausforderungen scheitern eher. Das ist keine spezifische Sache von Patchwork-Beziehungen. Aber im Patchwork-Gewusel ist es immer wieder verführerisch, sich selbst aus den Augen zu verlieren. Hier sollte man sich immer wieder sagen: Schau, dass du dir Zeit für dich nimmst! Geh mal raus, mach mal was alleine, nur für dich! Nehmt euch Zeit als Paar. Das geht oft unter.

Und was die Kinder angeht, muss man die Frage im Blick halten: Was ist Erziehung? Was ist persönliche Betroffenheit? Da darf ich etwas sagen. Wie beim Bild des Nachbarsjungen.

Also lautet der Rat: immer sortieren, sortieren, sortieren.

Was ist mit Eifersucht und Neid – diese Emotionen kann man nicht aus der Welt schaffen ...

Emotionen dürfen sein, es darf auch gestritten werden. Auch so, dass die Fetzen fliegen. Dann verpufft die schlechte Energie. Es gibt einen klugen Satz von Haim Omer: »Schmiede das Eisen, wenn es kalt ist.« Wenn das Feuer raus ist, die Emotionen abgekühlt sind, dann sollten Sie sich hinsetzen und sich fragen: Was war los? Wie gehen wir damit um? Man sollte die Zuständigkeiten klären, vielleicht auch Zeiten planen: Wer verbringt wann Zeit mit wem?

Häufige Streitthemen sind Eifersucht und das vermeintliche Maß an Liebe. Wer bekommt mehr davon? Wer erhält mehr Zeit?

Was bedeutet das für den Partner? Muss er lernen, zurückzustecken?

Da erinnere ich wieder an das Drei-Säulen-Modell. Das sollte ausgeglichen sein. Es muss auch Raum für den Partner da sein. Einhundert Prozent von einer Mutter bekommt man nicht. Das ist so. Das ist die Herausforderung für den Partner, dies annehmen zu können, vor allem, wenn dieser selbst kinderlos ist.

Was kann als Vorbereitung helfen, wenn ein neuer Partner da ist? Wie kann man den Kindern da helfen?

Erfahrungsgemäß ist es gut, wenn Kinder den gewohnten Umfang an Aufmerksamkeit bekommen. Auch wenn sie schon älter sind. Die Menge an Zuwendung muss ähnlich groß sein, damit sie nicht plötzlich einen Verlust erleiden. Es ist gut, nicht zu viel von den Kindern zu erwarten. Nicht die Illusion zu haben: »Nur weil ich diesen neuen Partner liebe, müsst ihr das doch auch tun!« Wenn der Sohn einen neuen Kumpel mit nach Hause bringt, muss man diesen ja auch nicht mögen. Man muss sich eben arrangieren.

Was ist das Schöne, das Gute an Patchwork-Beziehungen?

Man hat ja nicht nur die Trümmer dabei! Sondern auch ein Schatzkästchen mit den Erfahrungen, die man nutzen kann, um es besser zu machen, oder anders.

Sind Patchwork-Beziehungen insgesamt kompromissbereiter oder beweglicher?

Auf jeden Fall haben Patchwork-Beziehungen öfter die Gelegenheit, beweglich sein zu können und zu überprüfen: Will ich das oder jenes eigentlich? Es ergeben sich durch die Vielzahl der Familienmitglieder und die Verknüpfungen viele Aspekte eines Beziehungsgeflechtes. Jeder hat immer wieder die Chance, das zu sehen und zu sich fragen: Wo stehe ich eigentlich?

Trainiert das fürs Leben?

Das Leben trainiert. Es muss nicht anstrengend sein, in einer Patchwork-Beziehung zu Hause zu sein. Neue Konstellationen bereichern, bunte Modelle eröffnen neue Horizonte. Solange man die eigene Erwartungshaltung im Blick behält und gibt, was man freiwillig geben möchte. Machen Sie keine Rechnung auf, dann verletzt es, wenn keine Wertschätzung zurückkommt. Selbstfürsorge ist wichtig. Dann ist man gut aufgeladen und hat auch Kraft. Es ist nur dann anstrengend, wenn man denkt, man müsse Dinge tun, und sich dabei aus den Augen verliert. Man kann es nicht allen recht machen.

Fakten-check

PATCHWORK-BEZIEHUNG

Geschätzt **13 Prozent aller Familien** leben in einer Patchwork-Konstellation – exakte Zahlen konnten bislang nicht erhoben werden.[25]

Drei von zehn Kindern erleben bis zu ihrem 18. Lebensjahr mindestens eine **Patchwork-Konstellation**.[25]

Etwa jede fünfte Frau der Babyboomer-Generation ist **kinderlos**. Frauen mit akademischer Ausbildung haben **tendenziell weniger Kinder** als ihre Altersgenossinnen.[7]

Zwei Drittel aller alleinerziehenden Frauen ab fünfzig bleiben mit ihren Kindern auch alleinerziehend – in einer neuen Partnerschaft wird der Partner nicht als erziehungsberechtigt empfunden.[26]

Mehr als die Hälfte aller Patchworkbeziehungen scheitern – die meisten nach weniger als fünf Jahren.[25]

Mütter der Babyboomer-Generation haben im Schnitt zwei Kinder.[27]

Knapp die Hälfte der geschiedenen Frauen und Männer in Deutschland heiratet gegenwärtig nochmals. Je älter die Frauen sind, desto weniger häufig heiraten sie erneut.[27]

Frage-
bogen

– JUTTA –

51, wieder verheiratet, Architektin. • Eine Tochter, 22 Jahre.

Wie haben Sie Ihren fünfzigsten Geburtstag gefeiert?

Ich habe mir einen großen Wunsch erfüllt und eine kleine Barkasse gechartert. Mit der sind wir mit dreißig Freunden und Familie drei Stunden lang einmal um die Elbinsel Wilhelmsburg (Hamburg), auf der wir seit einem Jahr wohnen, geschippert und bis fast vor unsere Haustür gefahren, wo die Party weiterging. Auf dem Schiff haben wir mit Gitarrenbegleitung Seemannslieder gesungen und nach dem Schnaps auch eher gegrölt. So dass ich mir von einem Freund später anhören musste, dass ich mich nicht altersgerecht verhalten hätte. Ich und die meisten meiner Freunde hatten sehr viel Spaß!!

Wenn Sie in den Spiegel schauen – wen sehen Sie?

Immer noch mich. Obwohl ich manchmal auch einen Schreck kriege, wie ich mich mittlerweile verändert habe. Die feinen Falten am Hals und die grauen Haare. Dann gehe ich zum Friseur und kauf mir eine teure Creme. Krass ist es meistens, wenn es mir nicht gut geht und ich wenig geschlafen habe oder ich lange mit jungen Frauen zusammen war und mir dann der Unterschied so stark auffällt.

Leben Sie so, wie Sie es sich gewünscht haben?

Ich habe gestern *La La Land* gesehen und musste grinsen, ich wollte früher Schauspielerin werden, Kinder haben UND die große Liebe finden. Leider hatte ich kein Talent und vor allem nicht den nötigen Biss. Jetzt bin ich Architektin geworden, habe ein Kind und eine große Liebe. Ich finde es ganz schön viel. Ich werde nicht von einem großen Publikum bewundert, aber sonst kann ich sagen, ich bin sehr reich beschenkt und glücklich.

Worauf sind Sie stolz?

Stolz ist ein komisches Wort. Ich kann natürlich sagen, auf meine Tochter oder dass ich nach meinem Lebenslauf ohne abgeschlossene Berufsausbildung mit zweiunddreißig Jahren noch ein Studium begonnen und abgeschlossen habe. Aber ich würde eher sagen, darüber bin ich sehr froh und dankbar.

Was war die größte Wendung in Ihrem Leben?

Als meine Mutter starb, war ich fünfunddreißig Jahre alt, meine Tochter acht. Dieser Schmerz und Verlust ließen mich mein Leben aus einer anderen Perspektive betrachten. Keine zwei Monate nach dem Tod meiner Mutter habe ich mich von meinem damaligen Mann getrennt. Ich bin mit dem Chef aus meinem Praktikum zusammengezogen, der sich parallel von seiner Frau getrennt hat. Wir waren verliebt, aber wussten natürlich nicht, ob es gut geht, wir hatten vor der Trennung noch nicht einmal miteinander geschlafen ...

Es war schrecklich und wunderschön, und es ist gut gegangen. Wir sind jetzt seit dreizehn Jahren zusammen, alle unsere Kinder (meine Tochter plus zwei von meinem Mann) sind erwachsen und kommen gern zu uns.

Was hat Sie rückblickend am meisten erschüttert?

Der Blick meiner achtjährigen Tochter, den ich eine ganze Zeit ertragen musste. Ich habe ihren Schmerz und ihre Ablehnung mir gegenüber in ihren Augen gesehen. Ich habe ihr Leben zerstört, so empfand sie das damals, und ließ es mich spüren. Zum Glück ist es heute nicht mehr so!

Wie wichtig sind Ihnen Liebe und Sex in dieser Lebensphase?

Sehr wichtig, ich empfinde es sogar wie eine Neuentdeckung. So frei habe ich mich beim Sex noch nie gefühlt.

Was haben Sie sich für die nächsten Jahre vorgenommen?

Die Kinder noch durch die Ausbildung finanzieren, dann neu denken! Weniger arbeiten, vielleicht ein Sabbatical im Ausland? Ich möchte gerne mal in Südfrankreich leben. Auf jeden Fall entspannt kommen lassen, kein Druck, Ziele erreichen zu müssen!

Beschreiben Sie Ihren Herzenswunsch?

Peace on earth!

Was ist Ihre wichtigste Erkenntnis in dieser Lebensphase?

Let it flow. Sorry, nochmal englisch. Man könnte auch sagen, Gelassenheit. Man stellt fest, dass man die Dinge auch mal laufen lassen kann, super, auch beim Sex.

Was tut Ihnen heute gut? Was beflügelt Sie?

Mir tut es gut, allein zu sein (bin ich selten, wenn es anders wäre, würde es mir nicht gut tun).

Mich beflügeln meine Familie und Freunde, ich bin von tollen Menschen umgeben!

Und die Elbphilharmonie ;)

Frage-
bogen

– DORIS –

56, verheiratet, Psychologin und Suchttherapeutin. • Eine Tochter, 30 Jahre

---

Wie haben Sie Ihren fünfzigsten Geburtstag gefeiert?

Kein Fest, wie an sich jedes Jahr, sondern ein Tag mit meinem Mann, ein bisschen Wellness und gutes Essen. Ich hatte mir immer vorgestellt, meinen Fünfzigsten mit ganz vielen Menschen aus meinen verschiedenen »Lebensepochen« zusammen zu feiern. In dieser Zeit ging jedoch eine sehr wichtige Freundschaft auseinander. Mir war dann nicht nach feiern. Zwei Jahre zuvor haben mein Mann und ich gemeinsam unseren hundertsten Geburtstag gefeiert. Das ist für mich das Fest dieser Lebensphase.

Wenn Sie in den Spiegel schauen – wen sehen Sie?

Die, die mich schon mein Leben lang begleitet – zweifellos älter geworden, manchmal »ganz schön alt«. Es ist immer wieder erstaunlich, wie das Innere dieses Spiegelbild verändert. Manchmal gefalle ich mir dann ganz gut.

Leben Sie so, wie Sie es sich gewünscht haben?

Es gab in meinem Leben viele verschiedene Lebenswünsche. Das war nicht einer, der blieb und den ich jetzt erfüllen konnte. Manches hat sich erfüllt, manches nicht. Mein Leben jetzt ist schön. Vieles ist gut, manches noch nicht. Und es gibt durchaus noch Wünsche, die ich verfolge.

Worauf sind Sie stolz?

Auf ein einigermaßen anständiges Leben.

Was war die größte Wendung in Ihrem Leben?

Die endgültige Trennung von meinem ersten Mann. Damit hat meine Selbstbestimmung begonnen. Ich hatte sehr früh geheiratet, und in der Ehe konnte ich oft nur auf immer wieder auftretende Krisen reagieren. Es blieb mir gar keine Energie für eine eigene Lebensgestaltung. Das hat sich seitdem grundlegend geändert.

Was hat Sie rückblickend am meisten erschüttert?

Der Tod meines ersten Kindes und noch weitere plötzliche Todesfälle in meiner Umgebung. Dieses Absterben aller Gefühle, diese Trauer, mit der man sich so fremd fühlt in dieser Welt.

Wie wichtig sind Ihnen Liebe und Sexualität in dieser Lebensphase?

Liebe und Sexualität sind ein wichtiger Teil in unserer Partnerschaft. Sexualität vereint und verbindet uns, so wie es nichts anderes kann. Auch sich selbst zu spüren – das bleibt doch wichtig. Berührung muss sein! Liebe geht ja noch viel weiter: generell mit Liebe zu handeln bleibt ein Ziel von mir – das schaffe ich nicht immer, muss ich gestehen.

Was haben Sie sich für die nächsten Jahre vorgenommen?

Ich suche gerade nach einer neuen beruflichen Herausforderung. Ich weiß noch nicht, wohin es gehen wird. In meinem Leben haben sich immer Dinge ergeben, genau die richtigen zur rechten Zeit. So schaue ich mich auch jetzt wieder um, was als Nächstes auf mich zukommt.

Beschreiben Sie Ihren Herzenswunsch?

Dass die Erde für uns Menschen bewohnbar bleibt und auch meine Enkel noch in einer lebenswerten Natur leben können. Und einen respektvollen und liebenden Umgang innerhalb unserer Familie.

Was ist Ihre wichtigste Erkenntnis in dieser Lebensphase?

»Du bist die Gestalterin deines Lebens. Lebe jetzt!« – steht in jedem Selbsthilfebuch und ist doch so schwer zu leben. Ich kenne mich immer wieder in Phasen, in denen ich mein Leben sehr unangenehm gestalte und mich von der Zukunft ängstigen lasse (Altersarmut und so!). Ja, und dann noch das mit dem Planen:

»Ja, mach nur einen Plan!
Sei nur ein großes Licht!
Und mach dann noch'nen zweiten Plan
Gehn tun sie beide nicht.«
Das habe ich nun doch schon einige Male so erlebt …

Was tut Ihnen heute gut? Was beflügelt Sie?

Naturerleben in allen Facetten, Pfannkuchenteig rühren mit meiner Enkeltochter, Gedanken austauschen und mit Liebe handeln.

Fragebogen

– SUSANNE –

52, wieder verheiratet, Buchhändlerin. • Eine Tochter, 21 Jahre, zwei Söhne, 17 und 15 Jahre.

Wie haben Sie Ihren fünfzigsten Geburtstag gefeiert?

Unkonventionell – in einem Stadl, einer Scheune – mit mobiler Cocktailbar, Büffet, Musik und fünfzig Freunden. War wunderbar.

Wenn Sie in den Spiegel schauen – wen sehen Sie?

Mich, so wie ich bin – schon mit Fältchen zwar, aber mei, is so. Das Leben hinterlässt Spuren. Wünschte, es würden nicht mehr …

Leben Sie so, wie Sie es sich gewünscht haben?

In dieser jetzigen Lebensphase: Ja. Ich habe – nach Jahren der Trennung, des Chaos' und der gefühlten Heimatlosigkeit – gerade ein zweites Mal geheiratet. Ich freue mich sehr über dieses Geschenk des Lebens, nochmal jemanden gefunden zu haben, mit dem ich mein Leben und den Alltag teilen kann. Freier und gelassener als früher, harmonisch, aber nicht langweilig.

Worauf sind Sie stolz?

Auf meine Kinder; auf meinen Mut, auch mal gewohnte Bahnen zu verlassen; auf meinen Ehrgeiz, wenn mir etwas wichtig ist, niemals aufzugeben, sondern das Ziel fest im Blick zu haben.

Was war die größte Wendung in Ihrem Leben?

Die passierte vor fünfzehn Jahren: die Nachricht von der Behinderung meines jüngsten Sohnes. Er ist aufgrund ärztlicher Behandlungsfehler bei seiner Geburt schwer körperlich eingeschränkt und braucht rund um die Uhr Hilfe und Betreuung. Seine Existenz war und ist die größte und am meisten bestimmende Herausforderung in meinem Leben.

Was hat Sie rückblickend am meisten erschüttert?

Akzeptieren zu müssen, dass sich nichts tun lässt gegen einen Schicksalsschlag, so sehr man es sich wünscht und so sehr man bereit wäre, alles dafür zu tun, dass es wieder so wie zuvor werden möge. Dass aber daraus nach einer Zeit Neues, Positives und ein intensiveres Lebensgefühl, verbunden mit tiefer Wertschätzung für das Leben, erwachsen können. Und: dass man Verzeihen lernen muss, sonst kann das zufriedene Weiter-Leben nicht gelingen. Ich habe nach Jahren des Haderns schließlich Frieden geschlossen mit den damals behandelnden Ärzten – und das war sehr wichtig.

Wie wichtig sind Ihnen Liebe und Sex in dieser Lebensphase?

Jedes für sich kann wertvoll sein. Wenn beides zusammen kommt, ist das ein wunderbares Geschenk und Lebenselixier.

Was haben Sie sich für die nächsten Jahre vorgenommen?

Mehr Zeit für mich, meinen Partner, meine Freunde und Kinder – vor allem aber, dass ich es schaffe, meinen jüngsten Sohn so weit zu begleiten, bis er einmal in einem betreuten Wohnen leben kann. Noch kämpfe ich um jeden kleinen motorischen und geistigen Fortschritt – und es geht immer, wenn auch in kleinen Schritten, aufwärts.

Beschreiben Sie Ihren Herzenswunsch?

Vielleicht das »Haus am See«, das Peter Fox beschreibt, allerdings wären mir weit weniger Wohlstand als vielmehr Gesundheit und Menschen um mich der Herzenswunsch.

Ansonsten wünsche ich mir eigentlich nur, dass alles bleibt, wie es ist und dass meine zwei »großen« Kinder ihren beruflichen und privaten Weg finden und ich sie dabei unterstützen kann.

Was ist Ihre wichtigste Erkenntnis in dieser Lebensphase?

Dass Älterwerden auch positiv ist – weniger kämpfen, mehr bewahren und schätzen, was geschaffen worden ist. Dass Älterwerden mehr Gelassenheit bringt – beruflich und privat – , und das tut gut. Sich nicht Sorgen zu machen, da meist alles anders kommt als befürchtet. Jeden Tag positiv erleben, offen sein für Neues und froh um das, was da ist.

Was tut Ihnen heute gut? Was beflügelt Sie?

Ein Spaziergang am See, ein offenes und vertrauensvolles Gespräch mit Freunden, Musik, in einer Lektüre versinken, ab und an ein Abenteuer wagen und etwas Verrücktes tun, das mitreißende und fröhliche Lachen meines behinderten Sohnes, ein gemeinsames Essen mit der Familie.

Frage-
bogen

– KATRIN –

54, Ärztin, verheiratet, keine Kinder

Wie haben Sie ihren 50. Geburtstag gefeiert?

Mit Freunden und Familie, Live-Musik und Tanz, exzellentem Essen und Getränken sowie mit Stützkorsett, da Bandscheibenvorfall, hat jedoch der Party keinen Abbruch getan.

Wenn Sie in den Spiegel schauen, wen sehen Sie?

An manchen Tagen eine sensible und verletzliche Frau, an den meisten Tagen jedoch eine starke, dynamische Persönlichkeit, voller Tatendrang, Ehrgeiz, wie es sich für einen Steinbock gehört.

Leben Sie so, wie Sie es sich gewünscht haben?

Zwischenzeitlich ja. Ich hätte mich gerne früher beruflich unabhängig gemacht. Dass ich einmal selbstständig sein wollte war mir schon immer klar.

Worauf sind Sie stolz?

Auf meinen Beruf, auf das, was ich erreicht habe und was ich meinen Patienten Gutes tun konnte. Auf meinen Mann, der auch in den schlimmsten Zeiten meines Lebens immer für mich da war. Auf die Beziehung, die seit über 30 Jahren hält und die seit den Tiefschlägen eher noch besser geworden ist.

Was war die größte Wendung in Ihrem Leben?

Von oben nach unten zu fallen. Man sieht die Welt dann plötzlich mit anderen Augen. Ich habe meine Praxis mit einem hohen Kredit übernommen. Was ich nicht wusste: Die Praxis war hoch verschuldet, dadurch bin ich knapp an einer Insolvenz vorbeigerutscht. Ich habe zehn Jahre gebraucht, um mich finanziell zu erholen. Aber ich habe das aus eigener Kraft und mit stetiger Arbeit bewältigt.

Was hat Sie rückblickend am meisten erschüttert?

Die Demenzerkrankung meiner Mutter und das anfängliche Unverständnis meines Vaters. Vor allem der Verlauf der Erkrankung, die Bahn- und Talfahrt meiner Gefühle, die Ohnmacht, meine Mutter langsam aber sicher zu verlieren. Jedoch dann auch ihre Erlösung von einem Leben, das sie sicher nicht hätte führen wollen.

Wie wichtig ist Ihnen Liebe und Sex in dieser Lebensphase?

Liebe und Vertrauen, die Nähe des Partners, das manchmal sich blind Verstehen sind äußert wichtig, das wortlose in den Arm nehmen, wenn man merkt, es bedrückt den anderen etwas.

Sex oder nur Kuscheln, es kommt ganz auf die Lust und Laune an, was man gerade machen möchte.

Was haben Sie sich für die nächsten Jahre vorgenommen?

Gesund bleiben, weiter beruflich aktiv sein, jedoch etwas kürzer treten, mehr Urlaub machen und vor allem mehr Zeit mit dem Partner verbringen.

Beschreiben Sie Ihren Herzenswunsch?

Gemeinsam mit dem Partner gesund alt werden, das Alter in allen Lebenslagen genießen zu können und finanziell abgesichert zu sein.

Was ist Ihre wichtigste Erkenntnis in dieser Lebensphase?

Jede Lebensphase hat ihre Reize, man muss nur für sich das Beste daraus machen und sich von belastenden Dingen oder auch Personen trennen, sobald man merkt, dass sie einem nicht gut tun.

Was tut Ihnen heute gut? Was beflügelt Sie?

Die Lebenserfahrung, die man sich in den Jahrzehnten angeeignet hat, Dinge einfach lockerer zu sehen und manchmal auch Sachen auf sich beruhen zu lassen. Exzellentes Essen, ein paar Gläschen Champagner, Unternehmungen mit dem Partner und wirklich sehr guten Freunden.

– NACHWORT –

Und jetzt? Was nehmen wir aus all den Fragen und Antworten mit in dieses Jahrzehnt? Was zeigt uns dieses Kaleidoskop aus Lebenswegen, Geschichten und Erkenntnissen?

Jede von uns wird an unterschiedlichen Stellen gezuckt haben. Jede wird sich da oder dort gerieben, gewundert haben; wird vielleicht berührt gewesen sein von Schnittstellen mit ihrem eigenen Leben. Unsere Geschichten mögen sehr verschieden sein – dennoch glauben wir, dass uns viel mehr eint, als uns trennt; dass wir am selben Strang ziehen; dass wir alle immer noch voll pochender Sehnsüchte sind und unsere Träume nicht verblassen.

Dieses Lebensfieber wechselt ab fünfzig vielleicht die Farbe, aber ganz sicher nicht die Temperatur. Es geht noch so viel.

Was wir noch ändern können, packen wir an. Was aber nicht zu ändern ist – das versuchen wir zu akzeptieren. Natürlich klappt das nicht immer, aber im Laufe der Jahre doch immer besser. Und im besten Fall stellt sich auch so etwas wie ein innerer Friede ein. Ein gutes Gefühl.

Dieses Jahrzehnt ab fünfzig können wir optimistisch und selbstbewusst bestreiten. Vielleicht gehören diese Jahre sogar zum Besten, was uns das Leben beschert? Die

Lebenszufriedenheit, so besagen Studien, erreicht bei den meisten Menschen hierzulande mit Ende vierzig einen Tiefpunkt. Danach aber geht es wieder aufwärts. Und genau dort sind wir.

Unsere Blessuren tragen wir mit, ja, aber das Alter macht uns eben auch leichtfüßiger, unbeschwerter und gelassener. Und obwohl manche Träume unwiderruflich geplatzt sind, tun sich vor uns noch immer neue Räume auf – so weit und frei, wie wir sie möglicherweise nie wieder begehen können. Noch sind die meisten von uns gesund, agil und flexibel – jetzt ist Zeit für Abenteuer, Auszeiten und Wagnisse.

Wovor sollen wir Angst haben – nach allem, was hinter uns liegt? Vorm Scheitern? Vor Peinlichkeit? Damit kommen wir irgendwie zurecht. Wirkliche Angst haben wir vor Krankheit, Armut, Einsamkeit oder einem Atomkrieg.

Wir haben gelernt: Angst und Sorge bringen uns nicht weiter. In jedem Übel steckt die Möglichkeit, darin auch einen Impuls für einen neuen Anfang zu sehen. Das haben wir mittlerweile verstanden. Das Leben funktioniert und vibriert ja nun mal nur in gegensätzlichen Polen.

Natürlich zwickt das Älterwerden, und das wird vermutlich auch so bleiben, aber Humor – davon zeugen viele Rosé-Nächte – ist der beste Begleiter.

Wir dürfen das Älterwerden nicht ständig bekämpfen und verdrängen. Nur wer das Älterwerden akzeptiert, eröffnet sich auch die Möglichkeit, das Schöne und das Spannende darin zu sehen: Denn wir dürfen mit Routinen und Gewohnheiten brechen, genauso, wie wir uns neu erfinden können.

Es geht jetzt vor allem darum, sich in seiner Haut wohl zu fühlen, auch wenn sie faltig ist.

Die Zeit gehört uns! Jetzt mehr denn je. Der Kollege, der schon immer ein aufgeblasener Trottel war? Vergiss ihn! Ein gestohlener Sommermorgen am See mit gutem Buch? Her damit!

So viel haben wir gelernt, während dieses Buch entstanden ist. Von Ihnen. Von anderen. Und auch voneinander.

Wir beide jedenfalls gehen am Ende gestärkt, inspiriert und ja, auch beflügelt, aus diesem Buch hervor. Wir hoffen, Ihnen geht es auch so.

KONTAKTDATEN INTERVIEWPARTNER

Beatrice Wagner
www.beatrice-wagner.de

Ingo Ostgathe
www.coaching-praxis-muenchen.de

Prof. Verena Kast
www.verena-kast.ch

Maria Wiprich-Hadulla
www.patchwork-coaching.de

Sandra Neumayr
https://paarberatung-eheberatung-muenchen.com

Prof. Dr. med. Martin Halle
www.sport.mri.tum.de

Dr.med. Fabian Weiller
http://plastischechirurgie.fabian-weiller.de/

Gerda Bornschier
www.gerda-bornschier-coaching.de

QUELLENNACHWEIS

1 brigitte.de (2017)
2 zeit.de (2014)
3 Björn Donner, Beauty-Coach
4 BKK24, gesetzliche Krankenkasse
5 Lifeline.de – Das Gesundheitsportal (2015)
6 Prof. Christoph Bamberger, Medizinisches Präventionszentrum Hamburg
7 Statistisches Bundesamt
8 Familienreport 2016 des Bundesministeriums für Familie, Senioren, Frauen und Jugend
9 Corinna Onnen, Uni Vechta
10 jetzt.de (2016)
11 Meinungsforschungsinstitut yougov 2016
12 welt.de (2016)
13 rp-online.de (2014)
14 zeit.de (2017)
15 rentenreport (2016)
16 ElitePartner Studie 2014
17 welt.de (2015)
18 Studie Soziologen Natalia Sarkisian u. Naomi Gerstel
19 stern.de (2015)
20 WHO Studie 2013
21 Kinsey Institut, Universität von Indiana
22 Today (Umfrage der US-Talkshow)
23 Focus 2015
24 Beziehungsreport 2015
25 Familienreport 2012 des Bundesministeriums für Familie, Senioren, Frauen und Jugend
26 SOEP (Sozio-ökonomisches Panel)-Welle v32 (Erhebungsjahr 2015). Berechnung: Prognos AG aus Familienreport 2017 BMFSFJ
27 Familienreport 2017 des Bundesministeriums für Familie, Senioren, Frauen und Jugend

– DANKSAGUNG –

Danke an alle, die ihr Seelenleben in den Fragebögen so offen mit uns geteilt haben.

Danke an alle Expertinnen und Experten für die klugen und hilfreichen Antworten.

Danke an unsere Lieben, unsere Familien für das Vertrauen und die stete Inspiration.